千寻 与世界相遇

千寻
Neverend

选题策划	千寻 Neverend
项目编辑	云海燕
装帧设计	木
内文排版	史 明
责任印制	盛 杰
营销编辑	奚嘉阳

与世界对话

与牛对话

傅阳 编著

晨光出版社

目录

说　　1

读　　49

牛　　许志华　51

斗牛（节选）　〔美〕詹姆斯·艾·米切纳　主万/译　54

死在午后（节选）　〔美〕海明威　金绍禹/译　58

斗牛说　刘征　62

浮生半日闲（节选）　琦君　65

牛（节选）　王西彦　67

牛　沈从文　75

牛　叶圣陶　96

牛（节选）　张爱玲　99

渭川田家　〔唐〕王维　104

上京即事五首（其三）　〔元〕萨都剌　105

村居　〔宋〕张舜民　106

村晚　〔宋〕雷震　107

禾熟　〔宋〕孔平仲　108

饮牛歌　〔宋〕陆游　109

养生主（节选）　〔战国〕庄子　110

自嘲　鲁迅　112

桑茶坑道中　〔宋〕杨万里　113

一头灰色的中国牛　〔法〕苏佩维艾尔　戴望舒/译　114

水牛　艾青　115

牛的写意　李汉荣　116

作　119

绳子　唐语点（七年级）　121

解牛　富宇涵（七年级）　123

子非牛　赵涵（五年级）　125

牛　逯朴（四年级）　127

减法　张若涵（六年级）　129

大写的自由　吴玟慧（六年级）　131

逃不出的草原　林雷沫（六年级）　133

风　潘周惟（六年级）　135

脚印　马梓玹（六年级）　137

道理　文竹（六年级）　139

回头　赵健钧（六年级）　141

牛与人　胡子茹（六年级）　143

解牛　陈天悦（八年级）　144

短笛　叶悠然（八年级）　146

耕牛　　李了（七年级）　148

眼泪　　应镕伊（五年级）　150

春　　刘丰鸣（七年级）　152

眼泪　　张心远（五年级）　154

从题目到答案　　裘依萱（六年级）　156

行走　　江嘉轩（六年级）　158

牛　　钱奕凡（六年级）　160

脚印　　高允方（五年级）　162

书　　高紫涵（七年级）　164

解牛　　刘青岚（五年级）　166

新《五牛图》　　孙启元（五年级）　168

命运　　唐子媛（五年级）　170

牛　　奚浚哲（五年级）　172

老牛　　修英杰（五年级）　174

少　　郑朝喆（六年级）　175

牛之三命　　袁子煊（八年级）　176

是它，踏出一个秋天　　徐未央（四年级）　178

犟牛　　金恬欣（七年级）　180

我与"牛"的对话　　182

A Talk with Cattle

/

说

田园牧歌总是离不开牛。诗人痖弦写过一首诗,我们来读其中一部分:

> 我们将有一座
> 费一个春天造成的小木屋,
> 而且有着童话般红色的顶
> 而且四周是草坡,牛儿在啮草

如果只有一座费了"一个春天造成的小木屋",只有童话般的红色屋顶,只有草坡,而没有吃草的牛,总觉得这幅画面少了点什么。有牛在悠闲地吃着草的草坡才是一个美好的草坡。

我们一起来读诗人文晓村的《牛》:

> 没有华丽的装饰

没有动听的歌喉

无所谓雄心

无所谓壮志

让花族在春天齐放

让歌鸟在林间争鸣

让狮子在旷野称王

让猴子在动物园表演

我只是守着一方土地

一步一步

默默耕耘

  这实在是一首平平常常的诗，平常得就像"守着一方土地 / 一步一步 / 默默耕耘"着的牛。这牛是勤恳的，也是沉默的。

  诗人刘再复写过一篇散文诗《只管往前走的牛》，大家一起来读：

它只管往前走，每个脚步都是深重的，深重地扎在泥土里，每颗汗珠都是结实的，结实地撒落在田野上。

它只管往前走，面前只有黑褐色的泥土。肩负重轭，在深深的泥地里行进是艰辛的，每一步都要献出全部心力。在烈日蒸腾下和在风雨的敲打下，它的脸、额是湿漉漉的；雨水，还有与艰难抗争的汗水，以及苦涩的泪水，常常是混合在一起的。

然而，它只管往前走。它无暇叹息，也无暇回头欣赏自己走过的路，无暇欣赏自己的脚印和作品。在它走过的路上，有翻卷得很齐整的、很美的波涛，也有舒展得很平坦的、柔软的被垫，还有在这些波涛与被垫中生长与成熟起来的、很美的春的翡翠，夏的红玉，秋的黄金。

然而，它不留恋这一切，它只管默默无语地耕耘着，只管"扑哧扑哧"地往前走。

谁没有时间欣赏自己的脚印？牛。牛只管默默地耕耘，连欣赏自己脚印的时间也没有，它只管往前走，发出"扑哧扑哧"的声音。当代诗人许志华的诗集《乡村书》中有一首《牛》，最后说：

村庄是一只开满小花的牛蹄印

对乡土的记忆像驱赶牛虻的牛尾
在泪光里轻轻甩动

在一千六百多年前的魏晋时期,《牛耕图》就出现在砖画上了。牛是用来耕地的,马是用来骑的(当然有的马是用来拉东西的,那是驮马)。在敦煌的早期壁画中就有野牛的图像了,可追溯至南北朝的西魏时期。这野牛跟耕牛就完全不一样了,耕牛比较老实,野牛看上去则野性十足。魏晋砖画中的耕牛和敦煌壁画中的野牛,都表明了中国人对牛的喜爱。

到了唐代,不仅出现了以画马知名的画家,也出现了以画牛知名的画家,韩滉有《五牛图》传世;戴嵩画的牛受到世人推崇,他与画马知名的韩干被合称为"韩马戴牛"。我少年时看过一个故事,说戴嵩善于画牛,尤其擅长画江南的水牛。有个人收藏了他画的《斗牛图》,这个人在晾晒这幅画时被一个牧童看见,牧童大笑说:"两牛相斗,用力在角上,尾巴是夹在两股中间。现在画上的牛尾巴高高翘起,完全错了。"

你们说画家画得对还是牧童说得对?当然是牧童说得对。在牛的问题上,牧童比画家要内行。

西班牙画家毕加索喜欢画牛。他年纪越大,画的牛越简单,到最后,牛竟变成了几根线条。毕加索画

《斗牛图》，创作时间不详
[唐]戴嵩/绘

牛经历了一个什么样的过程?有人说是做减法的过程——从多到少,从具体到抽象,也可以说从繁到简。

当代诗人欧阳江河写了一首诗《毕加索画牛》,我们一起来读:

> 接下来的两个星期,毕加索在画牛。
> 那牛身上似乎有一种
> 越画也就越少的古怪现实。
> "少,"批评家问,"能变出多吗?"
> "一点不错。"毕加索回答说。
> 批评家等着看画家的多。
>
> 但那牛每天看上去都更加稀少。
> 先是蹄子不见了,跟着牛角没了,
> 然后牛皮像视网膜一样脱落,
> 露出空白之间的一些接头。
> "少,要少到什么地步才会多起来?"
> "那要看你为多起什么名字。"
>
> 批评家感到迷惑。"是不是
> 你在牛身上拷打一种品质,
> 让地中海的风把肉体刮得零零落落?"

"不单是风在刮,瞧对面街角
那家肉铺子,花枝招展的女士们
每天都从那儿割走几磅[1]牛肉。"

"从牛身上割,还是从你的画布上割?"
"那得看她们用什么刀子。"
"是否美学和生活的伦理学在较量?"
"挨了那么多刀,哪来的力气较量?"
"那么,有什么被剩下了吗?"
"不,精神从不剩下。赞美浪费吧!"

"你的牛对世界是一道减法吗?"
"为什么不是加法?我想那肉店老板
正在演算金钱。"第二天那老板的妻子
带着毕生积蓄来买毕加索画的牛,
但她看到的只是几根简单的线条。
"牛在哪儿呢?"她感到受了冒犯。

肉店老板和妻子
要想买的牛不是几根简单的线条,
"牛在哪儿呢?"她感到受了冒犯。

---

[1] 1磅约为0.45千克。

这是一种世俗的艺术观——买牛而不见牛。

一对卖牛肉的夫妇一心想着将来买一幅毕加索画的牛,可是等到他们攒够了钱,发现毕加索如今画的牛只剩下了几根线条。牛肉铺的老板娘很失望,她喜欢画得像牛的牛,而不是几根什么也不是的线条。

抗战烽火中的西南联大,虽迁到边陲昆明,但也常有日本飞机来轰炸。我们来读卢福庠的《躲警报》,牛不懂警报,也不知道炸弹的危险:

一只安详地在俯首啃草的黄牛,听见大声的轰炸,仰起头,像在思索些什么。
"你们看那牛,真像个圣者。"
学历史的董君,把牛来比作哲学家。我们都不禁笑了。

把牛比作哲学家,说它像个圣者。正在啃草的牛一点也不在乎轰炸声,只是仰起头来,像是在思索些什么,这是多有意思的一幅画面啊!

唐代文学家柳宗元写过一篇《牛赋》,其中有这样几句:

> 喜则齐鼻,怒则奋踯。当道长鸣,闻者惊辟。

牛其实也有自己的喜怒,有自己的脾气。我们看看当代作家张远山怎么写牛:

> 牛在印度最尊贵。虽然印度人口正在直逼中国,但造成新德里交通阻塞的主要原因并非人多,而是牛们吃饱青草,随意在马路当中睡午觉。没有人敢驱赶圣牛,连警察也只好乖乖地替它站岗。大概印度人下辈子都指望转生为牛,即便做不到牛魔王,也不枉了为牛一世。

牛在印度是最尊贵的,连警察都要为当街睡着的牛站岗。

而西班牙人则喜欢斗牛,西班牙画家毕加索也善于画牛,有人甚至说他长着一颗牛头。

> 古罗马人敢于跟所有的强大动物斗。现代人觉得自己远比古人强大,认为别的动物已不配与人奋斗,只有牛,至今还配与人对

垒。在西班牙，能斗牛的都是英雄。一个穷小子，可以靠着斗牛一夜之间变成贵族，犹如在中国考上了状元。在西班牙的古山洞里，画着牛；西班牙画家毕加索，也长着一个牛头。中国人说，初生牛犊不怕虎。牛犊尚且如此，大公牛当然更非同小可。

美国作家海明威对西班牙的斗牛非常熟悉，他在《危险的夏天》中写过斗牛的场面，美国作家詹姆斯·艾·米切纳为这本书写了引言。在引言里，他对斗牛的一些内容进行了说明，我们来读其中一部分：

> Capeando，单单用披风去撩拨牛。在总裁判发出信号后，喇叭吹响了，牛栏的门打开，当天下午的第一头牛冲进场来，扬起了一阵尘土。年龄最长的剑杀手用他厚实的红披风去挑逗那头牛。等他施展出了他最大的本领后，第二个和第三个剑杀手也依次试了一下运气。这是人人都欣赏的一场斗牛中富有诗意、优美动人的部分。有二十多种错综复杂的招式都有名称，不过我将只提三种。
> Veronica，从那位圣女的芳名得来。圣

西班牙斗牛士

女维罗妮卡在基督拖着十字架到各各他去时,曾用汗巾替他拭面。剑杀手握着那件用黄绸衬里、锦缎织出很密花纹的红披风熟练地逗引牛朝那件衣服而不是朝他本人冲来。斗牛士必须站稳脚跟,不可以畏缩地移来移去。他还必须巧妙地挥动披风,把牛朝着人引回来,而不让牛变得无法控制。一系列精致的用披风逗引的动作,可能成为一场艺术性斗牛的顶峰。

Chicuelina,二十世纪二十年代一位斗牛士奇奎洛首创的。海明威认识他,尊重他。剑杀手握着披风伸出胳膊去逗引牛,但是等牛冲过来时,他熟练地把披风一下拖过自己的身体,在牛愤怒地冲过去时,向前移动上一步。那是一种舞蹈式的闪避动作,做得好的时候,十分优美。

Mariposa,蝴蝶。剑杀手把披风挥到身后,让它大张开,这样披风的边沿在他暴露出的身体左右两侧显露出来。他随后撩拨那头牛,先用披风的一部分逗引它,再用另一部分,一面不停地用舞步朝后退去,表现得极为优美和勇敢。

斗牛在中国虽不流行,但牛和牛还是会斗。我们来读刘征的散文《斗牛说》:

> 牛,秉性憨厚,却是好斗的。西班牙的斗牛举世闻名,那是人跟牛斗。……
>
> ……一天夏日中午,忽然传来喊叫声,说是两头公牛打起来了。大家赶快跑出去看。那战场是在水塘里,两头牛如同两个庞大的水怪,拒撑翻腾,头角臀尾时隐时现。看那水已经搅成一池泥浆,两牛每一顶撞和转身,都激起巨大的波浪。水柱一溅丈把高,拍在塘边的小路上,变成一片泥泞。围观者,目瞪口呆,却束手无策。直到一头牛战败逃走,大家才松一口气。
>
> …………
>
> 牛相斗有个特点,只是瞄准敌对一方干,绝不伤害劝架者。人虽然能够靠近,可是两只牛头顶在一起真有千钧之力,谁能拉得开?不知是谁急中生智,出了个好主意,用两根又粗又长的绳子分别拴在两头牛的后腿上,仿效拔河,每边站二十几个小伙子朝两边拉。大家用尽平生之力,好容易在两个牛头之间

> 拉开一道缝,一脱离接触,其中一头自知气力不济的牛趁势逃脱了。一场杀得天昏地暗的大战才算归于沉寂。

这一斗牛的场面也够激烈的。多数时候,牛还是温和的。

长期处于农耕文明状态的中国人对牛最熟悉不过了。作家琦君说自己少年时在田埂上漫步,"自然而然会让路给吃草的黄牛"。我们来读她的《浮生半日闲》:

> 我好怀念小时候在家乡的闲荡日子。漫步在田埂上,自然而然会让路给吃草的黄牛。走在高低不平的卵石大街上,一路都有人笑眯眯地喊我的乳名。……那时的人情是多么温暖,天地是多么辽阔,时间是多么富裕啊!

琦君小的时候,因为总是没人跟她讲话,她每天只听着大黄牛"哞哞"叫,所以她到了三岁还不会说话,见了人也只会"哞"。我们这就可以理解为什么小琦君会给牛让路。她跟牛是很亲近的,整日听着牛"哞哞"叫,自己也学会了"哞"。

现在我们一起来读作家王西彦的《牛》:

> 种田人家有两样难缺的东西：锄头和牛。这并不是说每一个种田人都能够有一头牛；一头牛只要它能做下十亩八亩大水田的活，它的身价起码也得三四十。但就是养不起，牛实在还是少不了的。如同一个大户人家可以养三头四头牛一样，三个四个小户人家也可以合凑起来养一头。在乡下，耕牛便是贫富的标志：大户人家起码有三头五头，是大水牯。

大户人家养得起三五头大公水牛，小户人家要三四户合起来才能养一头牛，有的人家只能借别人的牛。耕牛在乡下是财富的象征。

王西彦小时候是养过牛的，他懂牛：

> 任凭它是怎样出名的凶牛，唯有看牛人才可以摸摸它的嘴脸。叫它卧下，坐在它头上，骑在它背上，它驯良得叫你不肯相信。我当初也跟哥哥一样得到过牛的信任，做过牛朋友；但随即到城里去进了学校，跟它疏远了。不到一年，病又把我逼回乡间来。那时已经换来了一头名叫黄龙的大黄牛，样子

雄伟得跟水牯差不多,一双尖刀似的角,简直叫人不敢亲近它。看牛人也已经不是我哥哥,他已讨过嫂嫂,做"大人"了,同时增加了田地,伙计由一个增加到四个,其中的一个小伙计管了那头牛。我回家四个月,病愈了,到第二年开春时便代替小伙计去亲近那头牛。

老祖母这样警告我:

"小心呀,它从前背过帅旗,怕不肯受人委屈的!"

什么叫"背过帅旗"?就是说这头牛曾是牛中翘楚,跟平常的牛是不一样的。

是的,它是一头上过战场的"名牛",是黄龙。然而奇迹似的,不上一个月,我跟它便混得怪熟了。也许是为了它曾经是"名牛"吧,人家起先怕它那双角,不敢约我在一道放牛;后来大家不怕了,把牛放在一个山腰上,而它的同类也似乎跟它合不来,它也总是"落落寡合",独自离开同伴,默默地啮着草。我明白它的悲哀。它有着它光荣的过去,它被人们好好地奉养过来，如今却败落了，吃着粗东西，瘦削了，依然背犁围磨过日子。它从来没有打过"虎跳"，也没有笑过一回（牛是懂得笑的），终日终月那么闷闷的，闷闷地啮草，吃麦粥，背犁，围磨。但对我则极驯良。早早晚晚跟着我上山去，不用牵，我把牛绳缠在它角上，走在它前头，它随后慢慢地跟着，不会出什么岔儿，所以它也从来没有受过我的鞭笞。

"黄龙，我给你摘去'牛八脚'（牛虱）！"

它懂得，立刻举起腿来，服服帖帖地让我在它小肚子上摘去那长嘴巴的"牛八脚"。它抬着头，嘘着气，摇摇尾巴，对我表示它的感激。

春耕一过，农闲了，但牛更忙了，黄龙和我便更加亲近。有一天晚上，大家在门外纳凉，黄龙不知怎么弄断了牛绳，跑了。大家不知道，直到要睡觉时才发现，于是忙着东东西西分头找，找到它在村坊下首的土地庙后面大樟树下面。可是谁走近去，它就低下头，把一双尖角朝着你。大家都无法牵它回家来，后来我去了，我走近它，它仰起了头。我吩咐它道:"黄龙,回家去!"

它默默地跟着我,回家来了。

那天晚上,我第一次看到它流下大颗大颗的眼泪……

谁流下了大颗大颗的眼泪?黄龙。这头"背过帅旗"的牛也是有感情的,知道谁对它好。

幼年琦君只学会一声"哞",会在田埂上给牛让路。放过牛的王西彦则更懂牛性。

沈从文写过一篇小说《牛》,其中写了大牛伯和牛的感情。大牛伯"为一点小事生气,用木榔槌打了那耕牛的后脚一下",没想到却让牛脚出了毛病。我们一起来读:

> 它只是仍然照老规矩做事,十分忠实地用力拖犁,使土块翻起。它嗅着新土的清香气息。它的努力在另一些方法上使主人感到了。它努力喘着气,因为脚跟痛苦,走时没有平时灵便。但它一个字不说,它"喘气"却不"叹气"。到后来大牛伯的心完全软了。——懂得它一切,了解它,不必靠那只供聪明人装饰自己的言语。

沈从文

....

　　犁了一块田,他同那牛停顿在一个地方,释了牛背上的轭,他才说话。

　　他说:"我这人真是老糊涂了,人老了就要做蠢事。我想你玩半天,养息一会儿,就会好的。你说是不是?"小牛别无意见可说,望着天上,天空头上正有一只喜鹊飞过去。

　　他就让牛在有水草的沟边去玩,吃草饮水,自己坐到犁上想心事。他的的确确是打量他的牛明天就会全好了的。他还没有把荞麦下田,就计算到新荞麦上市的价钱。他又计算到别的一些事情,说起来全都近于很平常的。他打火镰吸烟,一面吸烟一面看天。天蓝得怕人,高深无底,白云散布四方,白日炙人背上如春天。这时是九月,去真的春天还远。

这一刻,大牛伯仿佛变成了诗人,看见蓝得怕人、高深无底的天,看见散布四方的白云,明明是九月,却觉得阳光如春天。明明是写牛,沈从文为什么荡开一笔,写起似乎与牛无关的天空和白云来?就因为大牛伯让牛去吃草饮水了,他有了可以坐在犁上想事情

的空闲。我们继续读:

> 那只牛,在水边站了一会儿。水很清冷,草是枯草。它脚有苦痛,工作疲倦了。这忠厚动物,它到后躺在斜坡下坪中睡了。被太阳晒着,非常舒服地做了梦。梦到大爹穿上新衣,它自己角上却缠了一幅红巾,两个大步地从迎春的寨里走出,预备回家。这是一只牛所能做的最光荣的好梦。因为这梦,不消说它就把一切过去的事全忘了,把脚上的痛处也忘了。

小牛的梦多美啊,这是最光荣的一个好梦。

因为心疼小牛,大牛伯还雇了两个帮工。牛比人好,在他心中确是这样想的。过了几天,小牛又同主人在田中翻土,我们来读这两句:

> 牛伯因为体恤到伙计的病脚,不敢悭吝自己气力;小牛也因为顾虑到主人的缘故,特别用力气只向前奔。他们一天耕的田比用工人两倍还多。

然而不幸降临了：

> 到了十二月，荡里所有的牛全被衙门征发到一个不可知的地方去了。大牛伯只有成天到保长家去探讯一件事可做。顺眼无意中望到弃在自己屋角的木榔槌，就后悔为什么不重重地一下把那畜生的脚打断。

小牛被衙门抓了"壮丁"。大牛伯不再称牛为"伙计"，而称"畜生"，他看见木榔槌，后悔没有把牛的脚打断。沈从文写得真是好。

现在，陈四爷的牛来了。我们来读作家彭家煌的《陈四爷的牛》：

> 有钱有地而且上了年纪的人，靠着租谷的收入，本来可以偷安半辈子的，但陈四爷不是这种人……虽则他家里人手不宽，也孜孜地把佃田收回一部分，而且买了一条很对劲的黄牛预备好好地干一下。
>
> 的确，牛是团转左右数一数二的：骨干很雄健，八字角也很挺拔，毛色嫩黄的，齿都长齐了，是条壮年的牛，可以耕几十亩田，

秋来还可以宰了吃。

比起大牛伯的牛,陈四爹的牛是"很对劲的黄牛",壮年的牛。然而,他的牛也是以悲剧告终,只是结局不同而已。我们来读:

> 在山里,人们按着牛的足迹,渐渐发现了血痕,终于在深谷的芦苇丛中,找着了黄牛的尸体……陈四爹得了凶信,说不出话来……牛身上的撕出的肉就像他自己的,牛毛就像千万颗针在他的心上刺。
>
> …………
>
> 黄牛的噩耗传开了,团转左右的人,老的,少的,拖儿带女的堂客们,那些尊敬陈四爹又羡慕那黄牛的,于是都走来安慰安慰陈四爹,而且挂着浓厚的愁容围着这不幸的黄牛的尸体:"好牛,彪啊,身段啊,处处都好,唉,真可惜!"

牛的最后命运无非是与人生离或死别,陈四爹和大牛伯最后都失去了自己的牛。

现在我们来读叶圣陶的《牛》:

在乡下住的几年里,天天看见牛。可是直到现在还像显现在眼前的,只有牛的大眼睛。冬天,牛拴在门口晒太阳。它躺着,嘴不停地磋磨,眼睛就似乎比忙的时候睁得更大。牛眼睛好像白的成分多,那是惨白。我说它惨白,也许为了上面网着一条条血丝。我以为这两种颜色配合在一起,只能用死者的寂静配合着吊丧者的哭声那样的情景来相模拟。牛的眼睛太大,又鼓得太高,简直到了使你害怕的程度。我进院子的时候经过牛身旁,总注意到牛鼓着的两只大眼睛在瞪着我。……

....

以下是长工告诉我的话。

"比方说,我们看见这根木头桩子,牛眼睛看来就像一根撑天柱。比方说,一块田十多亩,牛眼睛看来就没有边,没有沿。牛眼睛看出来的东西,都比原来大,大许多许多。看我们人,就有四金刚那么高,那么大。站到我们跟前它就害怕了,它不敢倔强,随便拿它怎么样都不敢倔强。它当我们只要两个指头就能捻死它,抬一抬脚趾拇就能踢它到

与世界对话／与牛对话

叶圣陶

半天云里，我们哈气就像下雨一样。那它就只有听我们使唤，天好，落雨，生田，熟田，我们要耕，它就只有耕，没得话说的。你先生说对不对，幸好牛有那么一双眼睛。不然的话，还让你使唤啊，那么大的一个，力气又蛮，踩到一脚就要痛上好几天。对了，我们跟牛，五个抵一个都抵不住。好在牛眼睛看出来，我们一个抵它十几个。"

牛怕人，是因为它的眼睛看什么东西都会放大，所以人可以驾驭牛。这是一个长年跟牛打交道的长工告诉叶圣陶的。牛真的怕人吗？也不一定。

作家张爱玲写过一篇小说《牛》，主人公禄兴家里的牛栏是空的，空水槽已积了灰尘，水槽上面铺了一层纸，纸上晒着干菜。牛栏的角落里，喂牛的干草屑还在。"眼见就要立春了，家家牵了牛上田，我们的牛呢？"面对妻子的质问，禄兴决定向蒋天贵家借牛，为此自家养的鸡要被送过去当租钱。我们一起来读：

蒋家的牛是一只雄伟漂亮的黑水牛，温柔的大眼睛在两只壮健的牛角的阴影下斜睨着陌生的禄兴，在禄兴的眼里，它是一个极尊贵的王子，值得牺牲十只鸡的，虽然它颈项上的皮被轭圈磨得稀烂。他俨然感到自己是王子的护卫领袖，一种新的喜悦和骄傲充塞了他的心，使他一路上高声吹着口哨。

禄兴借蒋家的黑水牛耕地，不料却因此丧命。我们继续读：

> 到目的地的时候，放牛的孩子负着主人的使命再三叮咛他，又立在一边监视他为牛架上犁耙，然后离开了他们。他开始赶牛了。然而，牛似乎有意开玩笑，才走了三步便身子一沉，伏在地上不肯起来，任凭他用尽了种种手段，它只在那粗牛角的阴影下狡猾地斜睨着他。太阳光热热地照在他的棉袄上，使他浑身都出了汗。远处的田埂上，农人顺利地赶着牛，唱着歌，在他的焦躁的心头掠过时都带有一种讥嘲的滋味。
>
> "畜生！单单欺负你老子！单单欺负你老子！"他焦躁地骂，"唰"地抽了它一鞭子。"你——你——你这畜生，还敢欺负你老子不敢？"

牛的瞳仁突然放大了，翻着眼望他，鼻孔涨大了，嘘嘘地吐着气，它那么慢慢地、威严地站了起来，使禄兴很迅速地嗅着了空气中的危机。一种剧烈的恐怖的阴影突然落到他的心头。他一斜身躲过那两只向他冲来的巨角，很快地躺下地去和身一滚，骨碌碌直滚下斜坡的田垄去。一面滚，他一面听见那涨大的牛鼻孔里咻咻的喘息声，觉得那一双狰狞的大眼睛越逼越近，越近越大——和车轮一样大，后来他觉得一阵刀刺似的剧痛，又咸又腥的血流进口腔里去——他失去了知觉，耳边似乎远远地听见牛的咻咻声和众人的喧嚷声。

"牛的瞳仁突然放大了"，此刻在牛的眼中，禄兴就是敌人。在禄兴的眼中，牛的眼睛大得像车轮。

耕地是牛的宿命，正如许志华在他的那首诗《牛》中所写：

牛的背后藏着一张驼背的犁
犁是牛身上最雄壮的器官
牛犁，犁开了灵魂的田

与世界对话／与牛对话

耕牛皮影

最终,大牛伯的牛被征用了,陈四爷的牛死了,而在张爱玲的《牛》中,牛成了杀人凶手。

苏联作家伊萨克·巴别尔写过一篇《巴格拉特-奥格雷和他的公牛的眼睛》,我们来读戴骢译本中的一段:

"在你公牛的眼睛里,我找到了我们那个永远心存恶念的邻人麦麦德-汗的映像。在这双眼睛湿润的深处,我发现有面镜子,镜子里我们的邻人麦麦德-汗那堆背信弃义的绿火正在熊熊燃烧。我在这头遭到残害的公牛的眼睛里,看到了我被扼杀的青春和钻过冷漠的荆棘篱笆的我的壮年。在你公牛的眼睛里,我发现了我曾三度踏遍的叙利亚、阿拉伯和库尔德斯坦的大大小小的道路,啊,巴格拉特-奥格雷,在这三个国度平坦的沙地上没给我留下一丝希望。全世界的憎恨都爬入你公牛张开的眼眶。……"

在被残害的公牛的眼睛里,可以看见全世界的憎恨。这一笔真是重若千钧。

可是,牛在中国古诗中出现时,常常是和平宁静的。南北朝那首民歌《敕勒歌》大家从小都会背诵,最后一句"风吹草低见牛羊"尽现草原的悠闲自在。

"斜阳照墟落,穷巷牛羊归。"出自唐代诗人王维的《渭川田家》。斜阳黄昏,牛羊归来。

元代诗人萨都剌在《上京即事》第一句中就说"牛羊散漫落日下"。

宋代诗人张舜民在《村居》中说:"夕阳牛背无人卧,带得寒鸦两两归。"

宋代诗人雷震在《村晚》中则说:"牧童归去横牛背,短笛无腔信口吹。"

另一位宋代诗人孔平仲的《禾熟》中也写了夕阳下的老牛:"老牛粗了耕耘债,啮草坡头卧夕阳。"

此时,牛老了,主人已不让它去耕田了,它在夕阳下吃吃草,这是老牛最后的美好生活。

为牛仗义执言的宋代宰相李纲写过一首诗,名为《病牛》:

耕犁千亩实千箱,力尽筋疲谁复伤?
但得众生皆得饱,不辞羸病卧残阳。

病牛的形象从此留在了世间。

南宋诗人陆游在《饮牛歌》中说:"勿言牛老行苦

迟，我今八十耕犹力。"诗人以老牛自许。他看见一个老头牵了一头牛来到门外的小溪边让牛喝水，想起自己也是八十岁了，于是心生感慨地说："牛能生犊我有孙，世世相从老故园。"

从初生的牛犊到垂暮的老牛，时光从牛的身体中流过。

诗人彭燕郊写过一首《小牛犊》，我们一起来读：

这里闻闻一下
又往那里跑去了
你忙些什么呢
你这小傻瓜

当你还没有长大
你是美丽而可爱的
小小的四蹄和小鹿一样玲珑
初生的皮毛
绢缎般平滑、水波般发光
没有长过角的头部
像小孩子的
没有皱纹的前额

到你已经长大了

到你已经长出角了

你知道吗——

你将有很繁重的工作

性情暴躁的农人

由于悲愤,由于对生活的无奈何

将会像鞭打自己的爱子般

把细韧的柳鞭挥起

抽到你拖着笨钝的犁铧的

肥大的背上……

之后,命定中的事

也终于来临了

会有一个孔武有力的屠夫

从你背后,猝不及防地

把大的、铁硬的杵锤

朝你的囟门

敲去……

饕餮者流

将用细巧的牙签

悠闲地挑剔着,从齿缝里

挖出你那曾经酿造过

辛酸的汗的

肉的纤维……

　　搬运夫的肩上
　　将扛起用竹竿挑着的
　　你那被剥下来的皮
　　那带有污血和泥浆的标记的
　　就像军士扛着他们的大旗
　　偃息的旗，受伤的旗
　　沉重的旗，连风也不能掀动……

　　随着被委弃的骨
　　你将把你的整个的灵魂
　　（那是刀所不能割、手所不能剥的）
　　化入到你所钟爱的土地里去……

前面提到的许志华的那首诗《牛》中说：

　　立春是一头刚出生的小牛犊
　　惊蛰是一头长着大角的公牛
　　谷雨是一头慢性子的母牛

　这是多么有意思的诗句，几乎和智利诗人聂鲁达的那句诗异曲同工：

> 你有没有发现秋天
> 像一头黄色的母牛？

这真是神来之笔，秋天"像一头黄色的母牛"。

我想起保加利亚作家潘林的一篇文章《老牛》，是由沈雁冰翻译成的中文。其中说，老牛临终前还要去田边看看：

> 它到了河边，喝了些水，又闲立一会儿，破例地不回家来，却反走到我们近旁的田里。在那边，和风拂着长成的小麦，麦浪下面藏着无数的斑鸠，而在上面呢，有千百的小蝴蝶逐队飞舞。它站在麦田边，静静地看着，像对一个熟人，并且还啃去了田边的几茎草儿。忽然它站不稳了，它全身摇荡，长呻了一声，就倒在底下。我们怕起来了，都喊着，飞奔回家去报信。
>
> 当我们同父亲再来时，它已经死在田里，它的头枕着那花圈，它的眼睛睁得大大的望着天上……可是已经没有知觉。

现在我们来读俄国诗人叶赛宁的《母牛》：

很衰老，掉了牙齿，
角上是年岁的轮，
粗暴的牧人鞭策它，
从一个牧场牵它到另一个牧场。

它的心对于呼叱的声音毫无感动，
土鼠在一隅爬着，
可是它却凄然缅想
那白蹄的小牛。

人们没有把孩子剩给母亲，
它没有享受到第一次的欢乐，
在赤杨下的一根杆子上，
风飘荡着它的皮。
而不久在裸麦田中，
它将有和它的儿子同样的命运，
人们将用绳子套在颈上
牵它到宰牛场中去。

可怜地，悲哀地，凄惨地，

> 角将没到泥土中去……
> 它梦着白色的丛林
> 和肥美的牧场。

牙齿掉光的老母牛怀念四蹄洁白的小牛,但它知道等待小牛的也会是一根粗绳。所有牛的命运是相似的。母牛最后仍梦见了白色的丛林和肥美的牧场。

我们一起来读诗人陈惠芳的《与叶赛宁对话》中的一段:

> 叶赛宁企求的母牛纪念像没有在城市矗立起来
> 奶汁却流遍了乡村和城市
> 牛角也没能阻止一辆火车头的行进
> 钢铁和一切手段反复地切入乡村的肌肤
> 不可避免的痛楚、新生,甚至死亡!
> 在俄罗斯的牧歌中,我缓缓醒来
> 叶赛宁在城市连一块吐痰的地方也没有
> 我想我有,我想就在这座城市
> 站在城市的楼顶
> 上面是捉摸不定的空旷
> 下面是腹泻不断的繁华

水牛母子

叶赛宁在城市里"连一块吐痰的地方"都没有，却还想给母牛做一个纪念像，但他为母牛写的那首诗不就是对母牛最好的纪念吗？

小说家余华的《活着》里也有头牛，我们来读这一段：

> 牛是半个人，它能替我干活，闲下来时我也有个伴，心里闷了就和它说说话。牵着它去水边吃草，就跟拉着个孩子似的。
>
> 买牛那天，我把钱揣在怀里走着去新丰，那里是个很大的牛市场。路过邻近一个村庄时，看到晒场上有一群人，走过去看看，就看到了这头牛，它趴在地上，歪着脑袋吧嗒吧嗒掉眼泪，旁边一个赤膊男人蹲在地上霍霍地磨着牛刀，围着的人在说牛刀从什么地方刺进去最好。我看到这头老牛哭得那么伤心，心里怪难受的。想想做牛真是可怜。累死累活替人干了一辈子，老了，力气小了，就要被人宰了吃掉。
>
> 我不忍心看它被宰掉，便离开晒场继续往新丰去。走着走着心里总放不下这头牛，它知道自己要死了，脑袋底下都有一摊眼

泪了。

"黄龙"流下的大颗大颗的眼泪,被少年王西彦看到了。《活着》中的这头老牛知道自己要死了,也流了一摊眼泪。许志华的那首诗《牛》中也有一节写到了牛流泪:

> 杀牛的屠夫把羸弱的老牛
> 拴在木桩上,牛低哞了一声
> 流泪了

日本作家岛崎藤村的散文《屠牛》中这样写:

> 南方出产的黑公牛,不久被拉到院子中央了,鼻子里吐着白气,拴着的其他两头牛立即骚动起来。一个屠夫来到赤色母牛身旁,推着牛头,嘴里说着"哎,哎",使劲加以控制。旁边的杂种公牛摇着头,绕着牛桩转了一圈儿,不住地想挣扎逃跑。看起来,它们是凭着本能试图做最后的抵抗。
>
> 被置于死地的公牛反而冷静下来,眼里闪着紫色的泪光。……

黑公牛被杀前,眼中闪着紫色的泪光,令人同情。牛的眼泪有时也能救自己。我们继续读《活着》:

> 我越走心里越是定不下来,后来一想,干脆把它买下来。
>
> ....
>
> 我什么话也不去说,蹲下把牛脚上的绳子解了,站起来后拍拍牛的脑袋。这牛还真聪明,知道自己不死了,一下子站起来,也不掉眼泪了。我拉住缰绳对那个男人说:"你数数钱。"
>
> ....
>
> 牛是通人性的,我拉着它往回走时,它知道是我救了它的命,身体老往我身上靠,亲热得很。我对它说:"你呀,先别这么高兴,我拉你回去是要你干活,不是把你当爹来养着的。"
>
> ....
>
> 牛到了家,也是我家里的成员了,该给它取个名字,想来想去还是觉得叫它福贵好。定下来叫它福贵,我左看右看都觉得它像我,心里美滋滋的,后来村里人也开始说像,我

嘿嘿笑。

从此,这头牛拥有了和人一样的名字——福贵。

除了常见的牛,世界上还有一些奇特的牛。

广西忻城县曾有一头母黄牛生下了一头小牛,被当地人称为白马牛,因为它长着牛头马面、牛身马尾,全身白毛。

非洲摩洛哥有一种吹风牛,它们呼气时风力很大,当地人就将其当鼓风机来用。

在北极地区生活着一种麝香牛,它们的身上会散发一种麝香的味道。

庄子留下了一个有名的故事——庖丁解牛,出自庄子的《养生主》。庖丁最大的本事是解牛,就是把牛剖开。他杀牛十九年,杀过数千头牛,"恢恢乎其于游刃必有余地矣"。"游刃有余"这个成语也从这里来。

庖丁初学解牛之时,眼中所见是一头整牛。

过了三年,在他眼中,牛已不再是不可分割、浑然一体的庞然大物。庖丁分解一头牛,不用肉眼观看,刀锋连牛筋腱都没碰到,更不用说跟牛骨头硬碰硬了。所以,他的刀用了十九年,刀刃还像刚在磨刀石上磨过一样锋利。分解牛达到了这样的境界,才叫得心应手。

庖丁解牛就像毕加索画牛一样,毕加索一开始画的是整头牛,慢慢地,这头牛的笔画越来越简练了,到最后只剩下了几根线条。牛在毕加索的眼里,就是最简单的几条线。

中国画家李可染对牛的观察也是很精细的,他画过许多牛,曾写过这么一番话:

> 牛也,力大无穷,俯首孺子而不逞强。终生劳瘁,事人而安不居功。纯良温驯,时亦强犟,稳步向前,足不踏空,形容无华,气宇轩昂,吾崇其性,爱其形,故屡屡不厌写之。

与毕加索的牛不一样,李可染的牛是具体的,每一头牛都不一样。

你觉得谁最懂牛?是解牛的庖丁,还是西班牙的斗牛士?是画牛的戴嵩、毕加索、李可染,还是古诗中的牧童?抑或是陈四爹、大牛伯这样爱牛的老农?有人说沈从文最懂牛,他确实把牛与人之间的关系写得特别动人。

以牛自喻的不仅有诗人陆游,同为绍兴人的作家鲁迅也说过一句名言:

> 我好像一只牛,
> 吃的是草,
> 挤出的是牛奶、血。

作家老舍写过一篇散文《文牛》,其中这样说:

> 吃的是草,挤出的是牛奶;可是,文人的身体并不和牛一样壮,怎办呢?
> 青年朋友们,假使你没有变成一头牛的把握,请不要干我这一行事吧……

如果说鲁迅是一头牛,那也是老舍说的"文牛"。

"横眉冷对千夫指,俯首甘为孺子牛。"这是鲁迅《自嘲》诗中的名句。"孺子牛"的典故出自《左传》,齐景公的小儿子荼,号为"安孺子",特别受齐景公宠爱。荼会拿一根绳子让齐景公咬着扮作牛,他牵着齐景公走。结果有一次,荼跌倒,齐景公的牙齿被拉折了。齐景公临死前交代让荼继位。但后来,大夫陈僖子要废黜荼,拥立齐景公的另一个儿子。另一位大夫鲍牧责问:"你难道忘了,齐景公为'孺子牛'而折了牙齿?难道你要违背他的遗命吗?"

"孺子牛"的意思是清楚的,指父母疼爱子女。清代诗人洪亮吉的《北江诗话》中引过一句诗:"酒酣或化庄生蝶,饭饱甘为孺子牛。"可到了鲁迅这里,他却将这一典故化腐朽为神奇,他要做的不是齐景公那样的孺子牛。

我们与牛的对话就停在鲁迅的"孺子牛"吧。

A Talk with Cattle

/

读

牛

许志华

一

从斜风细雨里飘来一声轻微的牛哞
从消失的田畴方向传来
忧伤的喃语,哀恸的歌

二

立春是一头刚出生的小牛犊
惊蛰是一头长着大角的公牛
谷雨是一头慢性子的母牛

三

牛的背后藏着一张驼背的犁
犁是牛身上最雄壮的器官
牛犁,犁开了灵魂的田

四

一升大麦,二斤黄酒
吃饱喝足的大牯牛

耕起田来不用牛绳，不用吆喝

五
一天一夜，犁田十二亩
满身泥浆的水牛
跪在田里起不来

六
清洗了一遍牛栏
牛在干干净净的牛栏里吃草、反刍
牛也反刍寡言少语的男人所讲的话

七
碧青碧青的江滩
低头吃草的牛的肩颈上
歇落了两三只白鹭
牛向肥嫩的青草迈动一小步
人世上已走过沧海桑田

八
杀牛的屠夫把羸弱的老牛
拴在木桩上，牛低哞了一声

流泪了

九
村庄是一只开满小花的牛蹄印
对乡土的记忆像驱赶牛虻的牛尾
在泪光里轻轻甩动

斗牛（节选）

〔美〕詹姆斯·艾·米切纳　主万/译

Capeando，单单用披风去撩拨牛。在总裁判发出信号后，喇叭吹响了，牛栏的门打开，当天下午的第一头牛冲进场来，扬起了一阵尘土。年龄最长的剑杀手用他厚实的红披风去挑逗那头牛。等他施展出了他最大的本领后，第二个和第三个剑杀手也依次试了一下运气。这是人人都欣赏的一场斗牛中富有诗意、优美动人的部分。有二十多种错综复杂的招式都有名称，不过我将只提三种。

Veronica，从那位圣女的芳名得来。圣女维罗妮卡在基督拖着十字架到各各他去时，曾用汗巾替他拭面。剑杀手握着那件用黄绸衬里、锦缎织出很密花纹的红披风熟练地逗引牛朝那件衣服而不是朝他本人冲来。斗牛士必须站稳脚跟，不可以畏缩地移来移去。他还必须巧妙地挥动披风，把牛朝着人引回来，而不让牛变得无法控制。一系列精致的用披风逗引的动作，可能成为一场艺术性斗牛的顶峰。

Chicuelina，二十世纪二十年代一位斗牛士奇奎洛首创的。海明威认识他，尊重他。剑杀手握着披风伸出胳膊去逗引牛，但是等牛冲过来时，他熟练地把披风一下拖过自己的身体，在牛愤怒地冲过去时，向前移动上一步。那是一种舞蹈式的闪避动作，做得好的时候，十分优美。

Mariposa，蝴蝶。剑杀手把披风挥到身后，让它大张开，这样披风的边沿在他暴露出的身体左右两侧显露出来。他随后撩拨那头牛，先用披风的一部分逗引它，再用另一部分，一面不停地用舞步朝后退去，表现得极为优美和勇敢。

Pic-ing，这是一个那种无法优雅地拼写出来的词，指长矛手的动作。他把沉重的长矛刺进牛脖子上面那一大片肌肉去，以惩罚牛。从前，长矛手骑着马，马时常被牛戳死，每当牛朝着长矛手俯伏在地上的身体猛冲过来时，他就承受着可怕的惩罚。根据现在的保护马的规则，斗牛士仍旧会受到冲击，不过不再冒从前那么大的风险。

Quite，引开。斗牛中最了不起的动作之一。剑杀手仍旧披着厚实的披风，冲到牛的面前（牛这时候正朝着长矛手骑的马冲去），用几下可能是灵活美妙的躲闪及精湛熟练的驾驭手法把牛吸引开。这时候，一种微妙的算计开始起作用了。如果那头牛是剑杀手甲的，而且他还用一系列八九个超级闪避动作（这在十五场斗牛中大概出现一次）去迷惑牛，那么他就不得不作出这一决定："要是我按照习惯那样，让这头牛再挨长矛刺上两下，那么另外那两个剑杀手就会参加进来，也许表现得比我还出色。所以我马上这就结束掉长矛手的这一招，不给他们这个机会。当然，在接下去的搏斗中，要是牛还没有累垮，我要制服它可能得花上很不少时间，但是到时候，我再应付。"他于是向总裁判表示，他想请长矛手退场，这样在当天的斗牛中挫败了他的两个竞争对手。当然，他们中要是有一个得到一头好牛，他也会对他采取同样的办法。

Remate，终了，结局。我看见过许多次但还是不相信的一种熟练的闪避动作。剑杀手结束了一系列闪避动作后，想让牛站着不动，他则准备自己的下一系列动作。他用手腕的某种转动，使披风的底部不住地旋转，从而来做到这一点，因为那种旋转会使牛完全迷惑住，它可以看见这个人，可是却似乎始终无法逮住他。"这场胡闹真见鬼。"牛似乎这么说。它就一动不动地站在那儿。

Banderillas，用五彩纸装饰的长棒子，一头有很尖的倒钩，刺进公牛肩上的大肌肉里去。到西班牙去的外国观光者通常最喜欢看斗牛中的这一部分；在这一阶段，一个瘦长、文雅的斗牛士凭借一条腿的飞快移动、一只胳膊的控制力,以及敏锐的目光,跑出一条惊人的轨迹,在牛朝他冲来时,拦截住它,然后在牛角上面探身向前,灵巧地把带有倒钩的短标枪插入。有时候,剑杀手把他们自己的短标枪插入。时常,这会引得观众大声喝彩,不过大多剑杀手的助手中有两个能把这个动作做得较为出色;他们成为有名的专家。看他们调弄牛是一种乐趣。

Banderillas de fuego,有爆竹的。从前,如果一头胆怯的牛不肯向前冲,或是没有对这场搏斗变得充分激动起来,那么总裁判就用一面红旗发一个信号,于是执行官就取出有爆竹装在倒钩旁的刺牛棒交给短标枪手。等倒钩短标枪刺中要害后,爆竹就爆炸了,使牛大为吃惊,随即做出了必要的动作。在我最初去看斗牛时,有一次我还不知道这一诀窍,他们在离我坐的地方不远使用了这种倒钩短标枪。那一下使我比牛还要惊骇。1950年以来,爆竹被取缔了。取代它们的是表示耻辱的黑色倒钩短标枪。那些短标枪上的倒钩特别长,就连最冷漠的牛也会激动起来。

(节选自海明威所著《危险的夏天》的引言)

死在午后（节选）

〔美〕海明威 金绍禹 / 译

如果你想看一看、听一听发生的一切，想离公牛近一点以便从斗牛士的角度观察，那么前排是最好的座位。坐在前排观看，斗牛动作离你很近，过程非常具体，就连本来坐在包厢或楼座上的人看得发困的斗牛，也总是很有趣的。坐在前排你才看得到危险并且学会察觉危险。也只有坐在那一排，你眼前的斗牛场才一览无余、毫无遮挡。除了楼座和包厢的第一排，坐着不会让人挡住你的视线的其他的地方就是 sobrepuerte 了。那是进入斗牛场各区的门廊上方的座位。这些座位大致处于斗牛场梯形观众席的中间，坐在那里可以清楚地看到斗牛场，视野开阔，但又不像坐在楼座或包厢里离得那么远。这些座位票价是前排的一半，也是包厢或楼座的一半，是很好的座位。

斗牛场建筑西墙投下一个阴影，斗牛开始时处在阴影里的座位叫作 sombra 即阴凉儿。还有一些座位，斗牛开始时是在太阳底下，但是随着午后时间推移就到了阴影里，这些座位就叫作 sol y sombra（太阳和阴凉儿）座位。座位的票价就根据座位的好坏、看是否遮了阳光来定。最便宜的座位是顶端晒着太阳、贴近屋顶而且从头至尾都没有阴影的地方。这些座位叫作 andanadas del sol；如果是在大热天，由于贴近屋顶，因此，在树荫下都有华氏一百零四度的巴伦西亚那样的地方，这些座位气温之高，是难以置信的，但是这些所谓太阳下的座位，假如有合适一点的，那么在阴天或大冷天，倒是好位子。

你第一次去看斗牛如果是一个人去，也没有人给你指点，应该买楼座第一排或门廊上方座位。要是你买不到这些座位，包厢总是买得到的。这些座位票价最贵，离斗牛场也最远，但坐在那里整场斗牛就尽收眼底。如果与你同去的人真懂斗牛，同时你也想学着懂一些而且那些细节一个个看了也不会害怕，那么，前排是最好的座位，第二排次之，门廊上方座位再次之。

如果你是一个女人，觉得自己想去看斗牛，而且心里生怕看了会很难受，那你第一次去看就不能坐比楼座靠前的地方。坐在那个位子如果你看到的是一个精彩场面，就可以尽情欣赏；而如果你坐得靠前，看到的一个个细节破坏了整体的效果，你就不觉得有什么看头了。如果你很有钱，并不真想看斗牛，而只是事后想起来自己是观看过斗牛的，你不管爱不爱看，准备一头牛斗完了就走,那你应该买前排座位的票,这样,从来花不起钱在前排坐一坐的人,在你带着先入之见往外走的时候就从上面飞奔而下,坐到你票价昂贵的座位上。

这就是这种事情在圣塞瓦斯蒂安过去常常发生的情形。由于通过种种办法转手倒卖入场券从中非法牟利,由于斗牛场老板依赖比亚里兹和巴斯克海岸的富有的古董商人,前排座位的票子等你买到手,已经是一百比塞塔[1]一张或者还要贵。一个人花一百比塞塔可以在马德里斗牛士寄宿舍住上一个星期,可以去四趟普拉多艺术馆,买两场斗牛场露天座位的好票子,看完斗牛再买报纸,到维多利亚大街的横马路阿尔巴雷斯巷去喝啤酒、吃虾,即使这样,口袋里还有几个钱可以拿去擦一下皮鞋。可是,你在圣塞瓦斯蒂安,买下任何一个离前排不远、跑几步就能到达的座位,肯定可以坐上一百比塞塔的好座位,因为那些知道自己在一头牛被斗完之后由于心理原因一定要离开斗牛场的人已经站起身来退场,这些人有肥胖的,有精瘦的,有白白的,有晒得红红的,有穿法兰绒衣裤的,有戴巴拿马大草帽的,有穿运动鞋的。我好多回看到

---

[1] 西班牙及安道尔在2002年欧元流通前所使用的法定货币,现已停止流通。

他们退场，一起来的女人倒想坐着再看。他们可以去斗牛场，但是看到一头牛被刺死之后他们必定去赌场碰头。要是他们不退场，喜欢看下去，那他们就出毛病了。也许他们很古怪。他们并没有出什么毛病。他们到时候总走。那是斗牛还没有让人尊重的年代。到了1931年，我没见周围有人退场，现在好像圣塞瓦斯蒂安不花钱坐前排座位的好日子已经一去不复返了。

斗牛说

刘征

牛，秉性憨厚，却是好斗的。西班牙的斗牛举世闻名，那是人跟牛斗。从电视里看到，斗牛士凭借一块红布，辗转腾挪，引逗发怒的牛总是误触在红布上，人得以安然无恙。最后是三把刀子致牛于死。让人一边看一边心跳，确是一种惊险的技艺。

我国有些地方也有斗牛戏，但却是挑动牛跟牛斗，如同斗鸡、斗鹌鹑、斗蟋蟀那样。人斗牛，牛有时伤人。牛斗牛，人只是站在一旁悠闲地看热闹，既有惊心骇目之娱，又无断肋穿肠之忧，在冒险里渗透着中庸，何等妥当！

但我亲眼见的斗牛，不是戏，而是一连串可怕的麻烦，至今想起来还要倒吸一口凉气。话说"文革"期间，我们的干校在"十年倒有九年荒"的凤阳。地处南北之交，耕田主要用水牛。一天夏日中午，忽然传来喊叫声，说是两头公牛打起来了。大家赶快跑出去看。那战场是在水塘里，两头牛如同两个庞大的水怪，拒撑翻腾，头角臀尾时隐时现。看那水已经搅成一池泥浆，两牛每一顶撞和转身，都激起巨大的波浪。水柱一溅丈把高，拍在塘边的小路上，变成一片泥泞。

围观者，目瞪口呆，却束手无策。直到一头牛战败逃走，大家才松一口气。

但事情并没有了结。过了几天的一个深夜，忽然哨声急响，紧急集合，说是那两头牛又干起来了。原来老哥俩拴在靠近的两个木柱上乘凉，不知为什么凉也不乘，觉也不睡，又打斗起来。四只大角针锋相对，顶在一起，两个巨大的臀部忽地转在这边，忽地又转在那边。糟糕的是，战场紧挨着宿舍的后墙，墙是土坯垒成的，牛屁股如果撞上土墙，马上会墙倒屋塌，真是危急万分。

牛相斗有个特点，只是瞄准敌对一方干，绝不伤害劝架者。人虽然能够靠近，可是两只牛头顶在一起真有千钧之力，谁能拉得开？不知是谁急中生智，出了个好主意，用两根又粗又长的绳子分别拴在两头牛的后腿上，仿效拔河，每边站二十几个小伙子朝两边拉。大家用尽平生之力，好容易在两个牛头之间拉开一道缝，一脱离接触，其中一头自知气力不济的牛趁势逃脱了。一场杀得天昏地暗的大战才算归于沉寂。

如今仔细想想，颇有些费解。两头牛如此势不两立，自然并非为了牛界生死存亡的大事。退而求其次，说是为了改进耕作方法各执己见吧，可何至于武斗，况且耕起田来都是慢吞吞的，并没有两样，说是三角恋爱，为了争夺情侣吧，可身旁确实没有一位如花似玉、娇滴滴的牛小姐。想来不过是为了你瞪我一眼，我踩你一脚，你多喝一口水，我多吃一口草，为了这些鸡毛蒜皮动这么大的肝火。牛呀牛，你身躯庞然而大，心胸却为什么如此渺然而小呢？

从另一个角度看，牛要算得第一流的讽刺家。虽然无意当演员，可是它们演的"二人转"，却活活画出了人们之中那些不惜肝脑涂地，使出浑身解数搞内部摩擦者的可憎而又可怜的状貌。

然而牛毕竟是牛，不搞阴谋小动作，它凭借千钧的气力和犹如快剑长戟的两只大角，可以与虎相斗。据说牛遇到老虎，就把臀部对着山崖或大树，以绝后顾之忧，把牧童保护在胯下，把两角直指虎头。几番较量，牛越战越勇，老虎莫奈牛何且气力已尽，只好落荒而走。为保赤子而凌虎威，牛啊牛，你又不愧为顶天立地的伟丈夫了。

可惜得很，某些搞内部摩擦的专家，在这方面却偏偏远不像牛。他们在共同事业的一些重大难题面前总是回避退缩，尤有甚者，管他赤子不赤子，先捞一把再说。如遇此情，你说可怎么好！我想，先试着把他们拉开，拉不开就撤换。春日载阳，有鸣仓庚，别让这号人影响我们的春耕。

浮生半日闲（节选）

琦君

忙碌的现代人，无不叹闲暇不易得，于是也格外怀念当年农村社会的悠闲岁月。……我学习英文时，读到一篇好文章，题目叫作 Puttering，照字面解释是漫无目的地摸摸这样，碰碰那样，让时间闲闲地溜走，心也闲闲地一无挂碍。……我觉得这位作者对闲适情操的体认，颇近乎我国诗人陶渊明。陶靖节的东篱采菊，正是一种"漫无目的"的闲散动作，南山"悠然"地出现在他面前，他又何曾用力去看。……所以他才能"晨兴理荒秽，带月荷锄归"，顺应自然，享尽田园之乐。

……人活着似乎只为抢时间，可是把时间抢下来又如何会好好地过呢？我好怀念小时候在家乡的闲荡日子。漫步在田埂上，自然而然会让路给吃草的黄牛。走在高低不平的卵石大街上，一路都有人笑眯眯地喊我的乳名。……那时的人情是多么温暖，天地是多么辽阔，时间是多么富裕啊！……记得那时整个村庄，只有我家老屋大堂正中挂有一口自鸣钟，而钟摆常常是停止摆动的，即使有时发出嗒嗒之音，指针所指的时间和长工们的作息毫无关系。他们只看日头的高低，听公鸡的啼声，就知道是什么时辰。……在忙月里，他们胼手胝足，却是口哼小调，面带笑容。闲月里，他们嚼着自己种的花生和胡豆，下象棋、钓鱼，也是口哼小调，面带笑容。他们从来没有和时间赛过跑，可是从日出到日落，他们都在工作中，他们也都在游息中。

牛（节选）

王西彦

种田人家有两样难缺的东西：锄头和牛。这并不是说每一个种田人都能够有一头牛；一头牛只要它能做下十亩八亩大水田的活，它的身价起码也得三四十。但就是养不起，牛实在还是少不了的。如同一个大户人家可以养三头四头牛一样，三个四个小户人家也可以合凑起来养一头。在乡下，耕牛便是贫富的标志：大户人家起码有三头五头，是大水牯。小户人家有的养一头，水牯黄牛没定规；有的养只未换牙的小黄牛，一方面叫它背背犁，一方面还可以在它身上捞得一大注好出息，好在田地少，重活受不起也不要紧。至于那些没有养牛能力也没有养牛的方便的人家，除了合买一头外，还有一些自己也种点田地，闲来给人打打短工的，便把短工打来的工钱作为"牛耕钱"，向睦熟的人家去借"牛工"。我家据父亲说，先前是借的"牛工"，后来是好几家合买，直到我哥哥能够出门割草，这才独自养了头黄牛。那时我大概只有八九岁，母亲还在世，家里仅仅雇用一个伙计，"看牛"（我们那儿指牧童）便由我哥哥充当。哥哥大我三岁，每天牵牛出门两次：早晨回家吃早餐，晚上回家吃晚饭。当时我被关在一个半私塾的小学校里面，管束很严，几乎连小便太多都不容许；所以对哥哥自由自在的生活，心里是怪妒羡的。有时候天刚亮便借小便为名，从母亲身边偷偷地溜下床来，躲在牛栏边，等哥哥牵牛出门，便随后跟着上山，连哥哥吓劝——就是强加拦阻也不依。往往因为牛的缘故，受了先生或是父亲的责打；但是刚刚揩干了眼泪，便又打算怎样的去跟那头牛作伴了。

在铅灰色的天上还可以看见隐隐的星光的时候，潮湿的晨风带着春天的春味，于芯草灯的幽暗的光中，就得从牛栏里把牛牵出来了。微微为冷意而抖索着，拉着牛绳跟在牛后头，开一个大口，擦擦刚醒的睡眼，听牛蹄沉重地打在泥路上。一走到将近石板小桥时，恐怕牛眼睛看不清楚，连声叫着"脚，脚，脚！"提醒它，同时把牛绳放宽些。要是它肚皮实在太饿了，便会就在路旁低头大口大口地边走边啮起来。这时候或许会把一两只躲在青草丛里的田鸡赶下田坎去，或许又会惊起一两只睡在池塘边的白鹅，静悄悄地向池心逃去。走出村坊，走过村后山，走尽一长段的地坎，便可以听到远远近近的喝呼声与牛蹄声，那是别家看牛人也在这当儿牵牛上山来了。放牛的地点虽说没有规定，但却也各占有地盘，不是村坊后半里路外的那块小松山上,便是村坊前半里路外的那两行溪岸上——这两个地盘似乎也隐隐地有了定规:清早大半往村坊后边,下午则在溪岸上。这里面有理由,清早天气凉,山上好;一到傍晚,如果在夏天呢,溪边潺潺的清流,脱光身子跳下水去摸摸鱼,打打划,一边放牛,一边还可以在水里洗去一身汗臭。地盘有定规是有好处的:大伙儿每天早晚都能够混在一块儿。但也有坏处,那便是同在一片山腰、一段溪岸上,青草长来抵不得黄牛水牯每天大口大口地啃,到后来便仅仅剩着些连牛嘴也啃不起来的草根头,填不满它们的大肚皮。可是谁都不愿意单个儿离开大伙,谁都是年纪不上二十的孩子(即使有的过了二十岁,还是一肚皮的孩子脾气),大伙儿全是爱缠缠闹闹,一听见远处近处的呼喝声与牛蹄声,即便看不清楚,从人声与牛蹄声上面可以辨别得出那是谁牵的牛来。于是闭上眼睛,尖起喉咙喊道:

"奎九麻子,我们牛跟你们小双牙来斗一角,你敢?"

"不高兴,我们小双牙今天做生日呀!"

这么答应了一阵子,走到山腰了,把牛绳挂在牛角上,便你你我我聚在一起,用大笠帽垫在地上,盖过草上的晨露,坐在笠帽边上,看着天色渐明,云儿发白。接着,道路也出现了,乌鸦在樟树枝丫上的巢里醒过来，拍拍翅膀不灵便地飞了，喜鹊在草堆上叫晓了，于是牛嘴啮草的声音也慢慢地响起来了。看牛人大家坐在青草地上，双手围住膝盖，静静地等着太阳上升，唱着稍带猥亵的山歌，谈谈心事，这并不是甘心安静，因为天未大亮，瞧不清楚，草丛中有小蛇、荆棘、蜂窠、尖刀般的石块，所以与其在朦胧中去找灾殃，还不如安静些谈点心事——在大伙儿里边，每个人都有他们的气愤与憧憬：当小看牛的骂昨夜在床上给大伙计踢伤了腿帮子；看自己牛的关心着自家小黄牛到明年能不能耕下二十亩大水田，或是担愁于昨天在十里亭里偷偷地摸了一下子金姑儿，今晨她便果然没有牵着小水牯上山来。而像我这样呢，却在心里想着今天上学校去背不背得出？但是东方天边大白了，红霞退下去了，太阳很快升了上来；随着红霞的消退，大家的心事也立刻都消退了。于是年纪稍大的硬要派谁的牛跟谁的牛"碰一回角"，被派定的那个势必死劲牵牢自己的牛绳，坚持着不肯，"牛斗肚饥了挨家里骂的可是我呀，我家那个酒糟鼻子阎罗王的眼睛就有酒杯那么大！"再逼得厉害点了便会使他哭出来，一哭出来大家的兴致就给哭完了，不好意思再逼下去。但有时候也无须人力去碰，牛吃饱了刚巧碰头便在人们不提防时斗将起来，低下头，角对角，两双腿用力往后退，便在山腰上斗着。起初是大家拍拍手，站在两边看，胆子大点还会挨近去拍拍它们的峰，吩咐它："用点劲，用劲点！"到后来一见时间太久，便谁都着了急，想法子拆开它们。拆不开时便把那头身壮力健点的前脚封住，另外一些人便死命拖住它尾巴，擒住它鼻带，叫它不得不逃开；一逃开去呢，尾巴竖得笔笔直，从这山腰跑到那山腰，有时还要践踏了人家的农作物。不过要捉住它也容易，只教那头牛的看牛人赶上去，大声叫它使它听到自己原是它熟人，再用把青草引引它，它便会仰起头来任你系上断了的牛绳，跟你回到山腰来。

大家都喜欢看牛斗角，大家又都爱惜牛力气，不肯让它斗。一到下午吃好小点心（我们乡的夏日日子长，每天起码吃四餐，在中餐跟晚餐中间那餐叫作"小点心"），再牵牛到村坊前面那条溪岸上去时，牛斗角的事情便绝少。这也有理由：早晨牛在一夜休息后，力气复原了；到傍晚则大都在上午背过犁，累了又饿了，它们没有那兴致了。而且在溪边，场面又是那么小。因之看牛人也就可以大意些，大家不是在小溪里洗澡，捉鱼，开河，筑城，便是坐在溪岸上下石子棋，赶野鸭。眼见晚霞映着溪流，蝉儿栖在柳梢头高唱声轻转，夕阳渐渐下落，灰色的暮雾蒙上田野，树林带着阴暗的天青色了，这才各自骑上牛背，踏着暮影归去。望望村前池边姑娘们蹲在桥头洗衣裤，于是便在牛背上哼起山歌来——

…………

看牛人都很爱自己的牛，而牛呢，也不是完全粗蠢，没有灵性的。一头牛，对于自己的看牛人，便显得无比的亲昵、服帖、驯良。有些雄牛性坏，你得提防它那双尖长角和细小眼，一不对劲儿便会把你掀倒在地上，用尖角触破你的脑袋，钻伤你的腿，教谁都不敢挨近它，谁都不能把犁压放上它的肩——可是看牛人是它的好朋友，它肯听他的话，他在时，它就驯服了。任凭它是怎样出名的凶牛，唯有看牛人才可以摸摸它的嘴脸。叫它卧下，坐在它头上，骑在它背上，它驯良得叫你不肯相信。我当初也跟哥哥一样得到过牛的信任，做过牛朋友；但随即到城里去进了学校，跟它疏远了。不到一年，病又把我逼回乡间来。那时已经换来了一头名叫黄龙的大黄牛，样子雄伟得跟水牯差不多，一双尖刀似的角，简直叫人不敢亲近它。看牛人也已经不是我哥哥，他已讨过嫂嫂，做"大人"了，同时增加了田地，伙计由一个增加到四个，其中的一个小伙计管了那头牛。我回家四个月，病愈了，到第二年开春时便代替小伙计去亲近那头牛。

老祖母这样警告我：

"小心呀，它从前背过帅旗，怕不肯受人委屈的！"

是的，它是一头上过战场的"名牛"，是黄龙。然而奇迹似的，不上一个月，我跟它便混得怪熟了。也许是为了它曾经是"名牛"吧，人家起先怕它那双角，不敢约我在一道放牛；后来大家不怕了，把牛放在一个山腰上，而它的同类也似乎跟它合不来，它也总是"落落寡合"，独自离开同伴，默默地啮着草。我明白它的悲哀。它有着它光荣的过去，它被人们好好地奉养过来，如今却败落了，吃着粗东西，瘦削了，依然背犁围磨过日子。它从来没有打过"虎跳"，也没有笑过一回（牛是懂得笑的），终日终月那么闷闷的，闷闷地啮草，吃麦粥，背犁，围磨。但对我则极驯良。早早晚晚跟着我上山去，不用牵，我把牛绳缠在它角上，走在它前头，它随后慢慢地跟着，不会出什么岔儿，所以它也从来没有受过我的鞭笞。

"黄龙，我给你摘去'牛八脚'（牛虱）！"

它懂得，立刻举起腿来，服服帖帖地让我在它小肚子上摘去那长嘴巴的"牛八脚"。它抬着头，嘘着气，摇摇尾巴，对我表示它的感激。

春耕一过，农闲了，但牛更忙了，黄龙和我便更加亲近。有一天晚上，大家在门外纳凉，黄龙不知怎么弄断了牛绳,跑了。大家不知道,直到要睡觉时才发现,于是忙着东东西西分头找,找到它在村坊下首的土地庙后面大樟树下面。可是谁走近去,它就低下头,把一双尖角朝着你。大家都无法牵它回家来,后来我去了,我走近它,它仰起了头。我吩咐它道:"黄龙,回家去!"

它默默地跟着我,回家来了。

那天晚上,我第一次看到它流下大颗大颗的眼泪……

暑假过了,我又离开它了,以后我就没有在家乡一连住过两个月以上的时日,而且牛栏里面代替黄龙的早已经是头大水牯了。等到我离开家乡跑到更远的地方去,对家乡的一切也便更疏了。我只知道家境不大好,耕牛又换了两次。而当我这一次回到故乡,水牯却又换成黄牛了。父亲颇伤感地诉述着近年来家境的衰落:田地大减了,伙计由五个减到三个,水牯变成黄牛,这正和以前黄牛换成水牯时是一个相反的对比。然而这种伤感又有什么用呢?当我拖着沉重的步子,走上那条昔日曾经蹦跳过的天然"牧场"时,那边虽也还有二三头牛,胫蹄隐没在滋蔓的草丛里,在慢慢地咀嚼,然而跟自己一样,看牛的牧童也不复像从前般的无挂无碍地笑了。

牛
沈从文

有这样一件事情发生,就是桑溪荡里住,绰号"大牛伯"的那个人,前一天居然在荞麦田里,同他相依为命的耕牛为一点小事生气,用木榔槌打了那耕牛后脚一下。这耕牛在平时仿佛他那儿子一样,纵骂骂,也如对亲生儿女,在骂中还不少爱抚的。但是偶然心火一来,不能节制自己,只随意敲了一下,不平常的事因此就发生了。当时这主人还不觉得。第二天,再想放牛去耕那块工作未完事的荞麦田,牛不能像平时很大方地那么走出栏外了。牛后脚出了毛病,就因为昨天大牛伯主人,那么不知轻重在气头下一榔槌的结果。

大牛伯见牛不济事,有点行动不灵便了,牵了牛系在大坪里木桩上,蹲到牛身下去,扳了那牛脚看。他这样很温和地检查那小牛,那牛仿佛也明白了大牛伯心中已认了错,记起过去两人的感情了,就回头望着主人,大眼中凝了一泡泪,非常可怜地似乎想同大牛伯说一句有分寸的话,这话意思是:"大爹,我不怨你。平素你待我很好,你打了我,把我脚打坏,是昨天的事。如今我们讲和了。我只一点儿不方便，过两天就会好的。"

可是到这意思为大牛伯看出时，他却很狡猾地用着习惯的表情，闭了一下左眼。他不再摩抚那只牛脚了。他站起来在牛的后臀上打了一拳，拍拍手说：

"坏东西，我明白你。你会撒娇，好聪明！从什么地方学来的，打一下就装走不动路？你必定是听过什么故事，以为这样当家人就可怜你了，好聪明！我看你眼睛，就知道你越长心越坏了。平时干活就不肯好好地做，吃东西也不肯随便，这大王脾气，是我都没有的脾气！"

主人说过很多聪明的话语后，就走到牛头前去，当面对牛，用手指戳着那牛额头：

"你不好好地听我管教，我还要打你这里一下，在右边。这里也得打一下，在左边。我们村子里小孩子不上学，老师有这个规矩，打了手心，还要向孔夫子圣人拜拜，向老师拜拜，不许哭。你要哭吗？坏东西呀！你不知道这几天天气正好吗？你明白五天前天上落的雨，是为天上可怜我们，知道我们应当种荞麦了，为我们润湿土地，好省你的气力吗……"

大牛伯一面教训面前的牛，一面看天气。天气实在太好了，就仍然扛了翻犁，牵了那被教训过一顿说是"撒娇偷懒"的小牛,到田中去做事。牛虽然有意同他主人讲和,当家人也似乎看清楚了这一点,但实在是因为天气太好,不做事可不行,所以到后就仍然瘸着在平田中拖犁,翻着那为雨润湿的土地了。大牛伯虽然是像管教小学生那么管束到他那小牛,仍然在它背上加了犁轭,但是人在后面,看到牛一瘸一拐地向前奔时,心中到底不能节制自己的悲悯,觉得自己做事有点任性,不该随意那么一下子。他也像做父亲的所有心情,做错了事表面不服输,但心中究竟有点过意不去,于是比平时更多用了一些力气,与牛合作,让大的汗水从太阳角流到脸上。也比平时少骂那牛许多——在平时,这牛是常常因为觑望了别处风景或过路人,转身稍迟,大牛伯就创作出无数稀奇古怪的名词来骂它的。天下事照例是这样,要求人了解,再没有比沉默更合适了。有些人总以为天生了人的口,就是为说话用,有心事,说话给人听,人就了解了。其实如果口是为说话才用得着的一种东西,那么大牛、小鸟全有口,大的口已经有那么大,说"大话"也够了,为什么既不去做官,又不能去演讲呢?并且说"小话",小鸟也永远赶不上人。这些事在大牛伯的见解下,是不会错的。

在沉默中他们才能互相了解,这是一定的。如今的大牛伯和他的小牛，友谊就成立在这种无言中。这时那牛一句话不说，也不呻唤，也不嚷痛，也不说"请老爷赏一点药或补几个药钱"。（如果是人，他必定有这样正当的于自己有利益的要求。）这牛并且还不说"我要报仇，非报仇不可"那样恐吓主人的话语，就是态度也缺少这种切齿的不平。它只是仍然照老规矩做事，十分忠实地用力拖犁，使土块翻起。它嗅着新土的清香气息。它的努力在另一些方法上使主人感到了。它努力喘着气，因为脚跟痛苦，走时没有平时灵便。但它一个字不说，它"喘气"却不"叹气"。到后来大牛伯的心完全软了。——懂得它一切，了解它，不必靠那只供聪明人装饰自己的言语。

不过大牛伯心一软，话也说不出了。他如说"朋友，这是我错"，也许那牛还疑心这是谎话。这谎话一则是想用言语把过错除去，二则是谎它再发狠做事。人与人是常常有这样事情的，并不止牛可以这样多疑。他若说"已经打过了，也无办法。我是主人，虽然是我的任性，也多半是你服务不十分尽力。我们如今功过两抵，以后好好生活吧"，这样说，牛若听得懂他的话，牛也不甘心的。因为它常常自信已尽过了所能尽的力，一点不敢怠惰，至于报酬，又并不争论；主人假若还有人心，自己就不至于挨一榔槌！并且用家伙殴打，用言语抚慰，这样事别的不能证明，只恰恰证明了人类做主子的不老实罢了。他们会说话，用言语装饰自己的道德仁慈，又用言语作惠，虽惠不费。如今的小牛正因为主人一句话不说，不引咎自责，不辩解，也不假托这事是吃醉了酒以后发生的不幸，明白了主人心情的。有些人还常常用"醉酒"这样字眼做过一切岂有此理的坏事，他只是一句话不说，仍然同牛在田中来回地走，仍然嘘嘘地督促到它转弯，仍然用鞭敲打牛背。但他昨天所做的事使他羞惭，特别地用力推犁，又特别表示在他那照例的鞭子上。他不说这罪过归谁，想明白这责任，他只是处处看出了它的痛苦，而同时又看到天气。"我本来愿意让你休息，全是因为下半年的生活，才不能不做事！"这种情形他不说话也被他的牛看出了的。他们真的已讲和了。

犁了一块田，他同那牛停顿在一个地方，释了牛背上的轭，他才说话。

他说："我这人真是老糊涂了，人老了就要做蠢事。我想你玩半天，养息一会儿，就会好的。你说是不是？"小牛别无意见可说，望着天上，天空头上正有一只喜鹊飞过去。

他就让牛在有水草的沟边去玩，吃草饮水，自己坐到犁上想心事。他的的确确是打量他的牛明天就会全好了的。他还没有把荞麦下田,就计算到新荞麦上市的价钱。他又计算到别的一些事情,说起来全都近于很平常的。他打火镰吸烟,一面吸烟一面看天。天蓝得怕人,高深无底,白云散布四方,白日炙人背上如春天。这时是九月,去真的春天还远。

那只牛,在水边站了一会儿。水很清冷,草是枯草。它脚有苦痛,工作疲倦了。这忠厚动物,它到后躺在斜坡下坪中睡了。被太阳晒着,非常舒服地做了梦。梦到大爹穿上新衣,它自己角上却缠了一幅红巾,两个大步地从迎春的寨里走出,预备回家。这是一只牛所能做的最光荣的好梦。因为这梦,不消说它就把一切过去的事全忘了,把脚上的痛处也忘了。

正午,山上寨子有鸡叫了,大牛伯牵他的牛回家。

回家时,它看到它主人似乎很忧愁,明白是它走路的跛足所致。它曾小心地守着老规矩好好走路,它希望它的脚快好,就是让凶恶粗暴不讲理的兽医揉搓一阵也很愿意。

他呢,的确是有点忧愁!就因为那牛休息时,侧身睡到草坪里,他看到它那一只被木榔槌所敲打过的腿时时挛缩着,似乎不是一天两日就会好转。又看到犁同那牛合作所犁过的田,新翻起的土壤如开花,于是为一种不敢十分去猜想的未来事吓呆了,"万一……"

那么，荞麦价和自己不相干了，一切都将不和自己相干了。

他在回家的路上，看到小牛的步伐，想到的事完全是麦价以外的事。究竟是些什么，他是不敢明确的。总而言之，万一就这样了，那么，他同他的事业就全完了。这就像赌输了钱一样，同天打赌，好的命运属于天，人无份，输了，一切也应当完事。假若这样说吧，就是这牛因为这脚无意中一榔槌，从此跛了，医不好了，除了做菜或做牛肉干，切成三斤五斤一块，用棕绳挂到灶头去熏，要用时再从灶头取下切细加辣子炒吃，没有别的意义。那么，大牛伯也得……因为牛一死，他什么都完了。

把牛系到院中木桩旁，到箩筐里去取红薯拌饭煮时的大牛伯，心上的阴影还是先前一样。

到后，抓了些米头子撒在院中喂鸡，望到那牛又睡下去把那后腿缩短，大牛伯心上阴影更厚了一层。

吃过了中饭，他就到两里外场集上去找甲长。甲长是本地方小官，也是本地方牛医。甲长如许多名医一样，显出非常忙迫而实在又无什么事情的样子。他们老早就相熟的。

他先开口说话："甲长，我牛脚出了毛病。"

甲长说："这是脚癣，拿点药去一擦就好。"

他说:"不是的。"

"你怎么知道不是,近来患脚癀的极多,今天有两个桑溪人的牛都有脚癀。"

"不是癀,是搞伤了的。"

"那我有伤药。"这甲长意思是大凡是脚,不问是牛是人,只有一种伤,就是碰了石头扭了筋,他的伤药也就是为这一种伤所配合的。

大牛伯到后才说这是他用木榔槌打了一下的结果。

他这样接着说:

"……我恐怕那么一下太重了。今天早上这东西就对我哭,好像要我让它放工一天。我的哥,你说怎么办得到?天雨是为方便我们穷人落的。天上出日头,也是方便我们。田不在这几天耕完,我们还有什么时候?我仍然扯了它去。一个上半天,我用的力气还比它多。可是它实在不行了,睡到草坪内,样子很苦。它像怕我要丢了它,见我不作声,神气很忧愁。我明白这大眼睛所想说的话和所有的心事。"

甲长答应同他到村里去看看那小牛,到将要出门,别处有人送"鸡毛文书"来了,说县里有军队过境,要办招待筹款,召集甲长会议,即刻就到会。

这甲长一面用一个乡绅的派头骂娘,一面换青泰西缎马褂,喊人备马,喊人为衙门人办点心,忙得不亦乐乎。大牛伯叹了一口气,一人回了家。

回到家来他望着那牛,那牛也望着他,两位真正讲了和,两位似乎都知道这脚不是一两天可好的事了。在自己认错中,大牛伯又小心地扳了一回牛脚,检查那伤处,用了一些在五月初五挖来的草药(这是平时给人揉跌打损伤的),敷在牛脚上去,小心小心把布片包好。小牛像很懂事,规规矩矩尽主人处理,又规规矩矩回牛栏里去睡。

晚上听到牛吃草声音,大牛伯拿了灯照过好几次,这牛明白主人是因为它的缘故晚睡的。每遇到大牛伯把一个圆大的头同一盏桐油灯从栅栏边伸进时,总睁大了眼睛望它主人。

他从不问它"好了么?"或"吃亏?"那一类话,它也不告他"这不要紧",或"我请你放心"那类话。他们的互相了解不在言语,而他们却是真真很了解的。

这夜里牛也有很多心事,它明白他们的关系。他用它帮助,所以同它生活;但一到了他看出不能用到它的出力时候,它就将让另外一种人牵去了。它还不很清楚牵去了以后将做什么用途,不过间或听到主人在愤怒中说"发瘟的""作牺牲的""到屠户手上去吧"这一类很奇怪的话语时,总隐隐约约看得出只要一和主人离开,情形就有点不妥,所得的痛苦恐怕就不止是诅骂同鞭打了。为了这不可知的未来，它如许多人一样，对这问题也很想了一些时间，譬若逃走离开那屠户，或用角触那凶人，同他拼命，又或者……它只不会许愿，因为许愿是人才懂这个事。并且凡是许愿求天保佑，多说在灾难过去幸福临门时，杀一只牛或杀猪杀羊，至少必须一只鸡，假如人没有东西可许（如这一只牛，却什么也没有是它自己的，只除了不值价的从身上取出的精力），那么天也不会保佑这类人的。

这牛迷迷糊糊时就又做梦，梦到它能拖了三具犁铧飞跑，上山下田，犁所到处土地翻起如波浪。主人正站在耕过的田里，膝以下全被松土所掩，张口大笑。当这可怜的牛做着这样的荒唐好梦时，那大牛伯是也同样正做着好梦。他只梦到用四床大晒谷簟铺在坪里，晒簟上新荞堆高如小山，抓了一把褐色荞子向太阳下照，荞子在手上闪放乌金光泽。那荞子就是今年的收成，放在坪里过斛上仓，竹筹码还是从甲长处借来的，一大捆丢到地下，"哗"地响了一声。而那参与这收成的功臣——那只小牛，两角间就披了红，站在身边。他于是向它说话，神气如对多年老友。他说："朋友，今年我们好了。我们可以把围墙打一新的了；我们可以换两扇腰门了；我们可以把坪坝栽一点葡萄了；我们……"他全是用"我们"的字眼，因为必须承认这一家的兴起，那牛也有份，或者是光荣，或者是实际。他于是俨然望到那牛仍然如平时样子，水汪汪的眼睛中写得有四个大字，"完全同意"。

好梦是生活的仇敌，是神给人的一种嘲弄，所以到大牛伯醒来，他比起没有做梦的平时更多不平。他第一先明白了荞麦还不上仓，其次就记起那用眼睛说"完全同意"的牛是还在栏中受苦了。天还不曾亮，就又点了灯到栏中去探望那"伙计"。他如做梦一样，喊那牛做"伙计"，问它上了药是不是好了一点。牛不作声，因为它不能说它正做了什么梦。它很悲戚地看着主人，且记起了平常日子的规矩，想站起身来，跟随主人出栏。

它站起走了两步，他看它还是那样瘸跛，"噗"地把灯吹熄，叹了一口气，走向房里躺在床上了。

他们都在各自流泪。他们都看出梦中的情形是无希望的神迹了，对于生存，有一种悲痛在心。

到了平时下田的早上，大牛伯却在官路上走，因为打听得十里远近的得虎营有师傅会治牛病，特意换了一件衣，用红纸封了两百钱，预备到那营寨去请牛医为家中伙计看病。到了那里被狗吓了一阵，师傅又不凑巧出去了，问明白了不久会回家，他想这没有办法，就坐到那寨子外面大青树下等待。在那大青树下就望到别人翻过的田,八十亩、一百亩,全在眼前炫耀。等了好半天,那师傅才回家,会了面,问到情形,这师傅也一口咬定是牛癀。

大牛伯说:"不是,我的哥,是我那一下分量稍重了点,或打断了筋。"

"那是伤转癀,我打包票,拿这药去就行。"

大牛伯心想:"癀药我家还少?要走十里路来讨这鬼东西!"把嘴一瘪,做了一个可笑的表情。

说也奇怪,先是说得十分认真了,决不能因为这点点小事走十里路。到后大牛伯忽然想透了,明白一定是嫌包封太轻了,答应了包好另酬制钱一串。这医生心中活动,不久就同大牛伯在官路上奔走,取道回桑溪了。

这名医和大城中名医并不两样,有名医的排场。到了家,先喝酒取暖,吃点心饭。饭用过后,剔完牙齿,又吃一会儿烟,才要主人把牛牵到坪中来,把衣袖卷到肘上,从个竹筒中倒出几支银针。拿了针,由帮手把牛脚扳举,才略微用手按了按伤处,看看牛的舌头同耳朵。因为要说话,他就照例对于主人的冒失,加以一种责难。说是这地方怎么能狠心乱打?东西打狠了是不行的。又对主人随便把治人伤药用到牛脚上,认为是一种将来不可大意的事情。到后才在牛脚上随意扎了那么几针，把一些药用口嚼烂，敷到针扎处，包了杉木皮，说是"过三天包好"，嘱帮手把那预许的一串白铜制钱扛到肩上，游方僧那么从容摇摆去了。

把师傅送走，站在门外边，一个卖片糖的本乡人从那门前大路下过身，看到了大牛伯在坎上门前站，就关照说：

"大牛伯，大牛伯，今天场上有好嫩牛肉，知道了没有？"

"呸，见你的鬼！"他吐了一口沫，这样轻轻地回答了那好意关照他的卖糖人，走进大门"訇"的把门关了。

他愿意信仰那师傅，所以想起师傅索取那制钱时一点不勉强地就把钱给了。但望到从官路上匆匆走去的那师傅背影，尤其是那在帮手肩上的一串铜钱，他有点对于这师傅本领怀疑，且像自己是又做错了件事情，不下于打那小牛一梛槌了，就不免懊悔起来。他以为就是这么随便扎两针，也值一串二百钱、一顿点心，这显然是一种欺骗，为天所不许的。自己性急所以又上当了。那时就正有点生气，到后又为卖糖人喊他买"牛肉"，简直是有意暗示，更不高兴了。走进门见小牛睡在坪里，就大声辱骂："明天杀了你吃，清炖红焖一大锅，看你脚会好不好！"

那牛正因为被师傅扎了几针，敷了药，那只脚疼痛不过，全身见寒见热。听到主人这样气愤愤地骂它，睁了眼看见大牛伯样子，心里很难过，又想哭。大牛伯见到这情形，才觉得自己仍然做错了事，不该说这气话了，就坐到院坪中石碌碡上，一句话不说，背对太阳，尽太阳烤炙肩背。天气正是适宜于耕田的天气，他想同谁去借牛，把其余的几亩地土翻松一下，好趁早落种，想不出当这样时节谁家有可借的牛。

过了一会儿，他不能节制自己，又骂出怪话来了，他向那牛表示态度：

"你撒娇，就是三只脚，你也要做事！"

它有什么可说呢？它并不是故意。它从不知道"牛"有理由可以在当忙的日子中休息，而这休息还是"借故"。天气这样好，它何尝不欢喜到田里去玩玩；它何尝不想为主人多尽一点力，直到那粮食满屋满仓、"完全同意"的日子。就是如今脚不行了，它何尝又说过"我不做""我要休息"一类话。不过主人的生气，它也能原谅。因为这不比其他人的无理由胡闹。可是它有什么可说呢？它能说"打包票，我明天就好"吗？它能说"不相信，我们这时就去"吗？它既没有说过"我要休息"，当然也不必来说"我可以不休息"了。

它一切尽老爹，这是它始终一贯的性格。这时节主人如果把犁扛出，它仍然会跟了主人下田，开始做工，无一点不快乐神气，无一点不耐烦。

可是说过歹要工作的大牛伯，到后又来摸它的耳朵，摸它的眼，摸它的脸颊了。主人并不是成心想诅咒它入地狱、下油锅，他正因为不愿意它和他分手，把它交给一个屠户，才有这样生气发怒的时候！它所以始终不说一句话，也就它能理解大牛伯平时在它身上所做的好梦。它明白它的责任。它还料想得到，再过三天脚不能复原，主人脾气忽然转成暴躁非凡，也是自然应当的事。

当大牛伯走到屋里去找取镰刀削犁把上小木栓时，它曾悄悄地独自在院里绕了圈走动，试试可不可以如平常样子。可怜的东西，它原是同世界上有些"人"一样，不惯于在好天气下休息赋闲的。只是这一点，大牛伯却缺少理解这伙计的心。他并没有想到它还为这怠工事情难过，因为做主人的照例不能体会到做工的人畜。

大牛伯削了一些木栓，在大坪中生气似的敲打了一阵犁头，想了想纵然伙计三天会好，也不能尽这三天空闲，因为好的天气是不比印子钱，可以用息金借来的，并且许愿也不容易得到好天气，所以心上活动了一阵，就走到上四堡去借牛。他估定了有三处可以说话，有一处最为可靠。有了牛，他在夜间也得把那田土马上耕好。

他就到了第一个有牛的熟人家去，向主人开口。

"老八，把你牛借我两三天，我送你两斗麦子。"

主人说："大牛伯伯，你帮我想法借借牛吧。我正要找你去，我愿意出四斗麦子。"

"那我也出四斗。"

"怎么？你牛不是好好的么？"

"有癀呃……"

"哪会有癀？"

"请牛医看过了，花一串制钱。"

主人知道牛伯的牛很健壮，平素又料理得极好，就反问他究竟为什么事缺少牛用。没有把牛借到的牛伯，自然仍得一五一十地把伙计如何被自己一榔槌的故事学学。他在叙述这故事中，不缺少自怨自艾的神气。可是用"追悔"是补不来"过失"的。没有话可说，就转到第二家去。

见到主人，主人先就开口，问他是不是把田已经耕完。他告主人牛生了病，不能做事。主人说：

"老爹，你谎我。田耕完了就借我用用，你家那个小黄，是用木榔槌在背脊骨上打一百下也不会害病！"

"打一百下？是呀，若是我在它背脊骨上打一百下，它仍然会为我好好做事。"

"打一千下也不会……是呀，也挨得起。我算定你是捶不坏牛的。"

"打一千下？是呀……"

"打两千下也不至于。"

"打两千下？是呀……"

说到这里两人都笑了，因为他们在这闲话上随意能够提出一种蛮大数目，且在这数目上得到一点仿佛是近于"银钱""大麦的斛数"那种意味。他到后就告给了主人，还只打"一下"，牛就不能行动自然了。主人还不相信，他才再来解释打的地方不是背脊，却是后脚弯。本意是来借牛，结果还是说一阵空话了事。主人的牛虽不病可是无空闲，也正在各处设法借牛乘天气好赶天气。

待到第三处熟人家，就是牛伯以为最可靠的一家去时，天色已夜了，主人不在家，下了田还没回来。问那家的女人，才明白主人花了一斛麦子，向长宁哨保总家借了一只牛，连同家中那只牛在田中翻土，到晚还不能即回。

转到家中，大牛伯把伙计的脚检查检查，又想解开药包看看。若不是因为小牛有主张，表示不要看的意思，日来的药金恐等于白费了。

各处无牛可借，自己的牛又实在不能做事，这汉子无办法，到夜里还走到附近庄子里去请帮工，用人力拖犁，说了很长的时候，才把人工约定。工人答应了明早天一亮就下田。一共雇妥了两个人，加上自己，三个人的气力虽仍然不及一只小牛，但总可以趁天气把土翻好了。牛伯高高兴兴地回了家，喝了一小葫芦水酒，规规矩矩用着一个虽吃酒却不闹事的醉人姿态，横睡到床；根据了田已可以下种一个理由，就糊糊涂涂做了一晚好梦。半夜那伙计睡不着，以为主人必定还是会忽然把一个大头同灯盏从栅栏外伸进来，谁知到天亮了后，有人喊主人名字，主人还不曾醒。

三个人，两个人在前一个人在后耕了半天田，小牛却站在田塍上吃草眺望好景致。它那情形正像小孩子因牙痛不上学的情形，望到其他学生背书，费大力气，自己才明白做学生真不容易。不过往日轮到它头上的工作，只要伤处一复原，也仍然免不了要照常接受。

在几个人合作耕田时，牛伯在后面推犁，见到伙计站在太阳下的寂寞，顺口逗牛说："伙计，你也来一角吧。"若果不是笑话，它也绝不会推辞这个提议。但是主人因为想起昨天放在医生的手背上那一串放光的制钱，所以不能不尽小牛玩了。

不过一事不做,任意地玩,吃草,喝水,睡卧,毫无拘束在日光下享福,这小牛还是心里很难受。因为两个工人在拉犁时,就一面谈到杀牛卖肉的事情。他们竟完全不为站在面前的小牛设想。他们说跛脚牛如何只适宜于吃肉的理由,又说牛皮制靴做皮箱的话。这些坏人且口口声声说只有小牛肚可以下酒,小牛肉风干以后容易煨烂,小牛皮做的抱兜佩戴舒服。这些人口中说的话,是无心还是有意,在小牛听来是分不清楚的。它有点讨厌他们,尤其是其中一个年轻一点的人,竟说"它的病莫非是假装"那些坏话,有破坏主人对牛友谊的阴谋,虽然主人不会为这话动摇,可是这人心怀不良是无疑了。

到了晚上,大家回家了,当主人用灯照到它时,这小牛就依然在它那水汪汪的大眼睛上,解释了自己的意思。它像是在诉说:"大爹,我明天好了,把那花钱雇来的两个工人打发走了吧。我听不惯他们的讥诮和侮辱。我愿意多花点气力把田地赶出。你放心,我一定不让好天气带来的好运气分给一切人,你却独独无份。"

主人是懂这样意思的,因为他不久就对牛说话了,他说:

"朋友,是的,你会很快就好了的。医生说你至多三天就好。下田还是我们两个作配手好,我们赶快把那点地皮翻好,就下种。因为你的脚不方便,我请他们来帮忙。你瞧,我花了钱还是只耕得一点点。他们哪里有你的气力?他们做工的人,近来脾气全为放纵坏了,一点旧道德也不用了,他们人做的事情,当不到你做的一半,却向我要钱用,要酒喝。还有理由到别处去说:'我今天为桑溪大牛伯把我当牛耕了一天田,因为吃饭的缘故,我不得不做事。可是现在腰也发疼了,只差比牛少挨一鞭子。'这话是免不了要说的,我实在没有办法,才要他们帮忙!"

它想说:"我愿意我明天就好,因为我不欢喜那向你要钱要酒饭的汉子。他们的心术都不很好。"主人不等它说先就很懂了。主人离开栅栏时,就肯定而又大声说道:"我恨他们,一天花了我许多钱,还说小牛皮做抱兜相宜。真是强盗!"

小牛居然很自然地同主人在一块未完事的田中翻土了,是四天以后的事。好天气还像是单为牛伯一个人幸福的缘故而保留到桑溪。他们大约再有两天就可以完事。牛伯因为体恤到伙计的病脚,不敢悭吝自己气力;小牛也因为顾虑到主人的缘故,特别用力气只向前奔。他们一天耕的田比用工人两倍还多。

于是乎回到了家中,两位又有理由做那快乐幸福的梦了。牛伯为自己的梦也惊讶了,因为他梦到牛栏里有四只牛,有两只是花牛,生长得似乎比伙计更其体面。第二天一早起来,他就走到栏边去看,且大声地告给"伙计",说:"朋友,你应当有个伴才是事。我们到十二月再看吧。"

伙计想十二月还有些日子,就点点头:"好,十二月吧。"

到了十二月,荡里所有的牛全被衙门征发到一个不可知的地方去了。大牛伯只有成天到保长家去探讯一件事可做。顺眼无意中望到弃在自己屋角的木榔槌,就后悔为什么不重重地一下把那畜生的脚打断。

1929 年作,1957 年 3 月校

(略有删改)

牛

叶圣陶

在乡下住的几年里,天天看见牛。可是直到现在还像显现在眼前的,只有牛的大眼睛。冬天,牛拴在门口晒太阳。它躺着,嘴不停地磋磨,眼睛就似乎比忙的时候睁得更大。牛眼睛好像白的成分多,那是惨白。我说它惨白,也许为了上面网着一条条血丝。我以为这两种颜色配合在一起,只能用死者的寂静配合着吊丧者的哭声那样的情景来相模拟。牛的眼睛太大,又鼓得太高,简直到了使你害怕的程度。我进院子的时候经过牛身旁,总注意到牛鼓着的两只大眼睛在瞪着我。我禁不住想,它这样瞪着,瞪着,会猛地站起身朝我撞过来。我确实感到那眼光里含着恨。我也体会不出它为什么这样瞪着我,总距离它远远地绕过去。有时候我留心看它将会有什么举动,可是只见它呆呆地瞪着,我觉得那眼睛里似乎还有别的使人看了不自在的意味。

我们院子里有好些小孩,活泼,天真,当然也顽皮。春天,他们捕蝴蝶。夏天,他们钓青蛙。谷子成熟的时候到处都有油蚱蜢,他们捉了来,在灶膛里煨了吃。冬天,什么小生物全不见了,他们就玩牛。

有好几回,我见牛让他们惹得发了脾气。它绕着拴住它的木桩子,一圈儿一圈儿地转,低着头,斜起角,眼睛打角底下瞪出来,就好像这一撞要把整个天地翻个身似的。

孩子们是这样玩的:他们一个个远远地站着,捡些石子朝牛扔去。起先,石子不怎么大,扔在牛身上,那一搭皮肤马上轻轻地抖一下,像我们的嘴角动一下似的。渐渐地,捡来的石子大起来了,扔到身上牛会掉过头来瞪着你。要是有个孩子特别胆大,特别机灵,他会到竹园里找来一根毛竹,伸得远远的去撩牛的尾巴,戳牛的屁股,把牛惹起火来。可是,我从未见过他们撩起牛的头。我想,即使是小孩,也从那双大眼睛看出使人不自在的意味了。

玩到最后,牛站起来了,于是孩子们轰的一声,四处跑散。这种把戏,我看得很熟很熟了。

有一回,正巧一个长工打院子里出来,他三十光景了,还像孩子似的爱闹着玩。他一把捉住个孩子,"莫跑,"他说,"见了牛都要跑,改天还想吃庄稼饭?"他朝我笑笑说:"真的,牛不消怕得。你看它有那么大吗?它不会撞人的。牛的眼睛有点不同。"

以下是长工告诉我的话。

"比方说，我们看见这根木头桩子，牛眼睛看来就像一根撑天柱。比方说，一块田十多亩，牛眼睛看来就没有边，没有沿。牛眼睛看出来的东西，都比原来大，大许多许多。看我们人，就有四金刚那么高，那么大。站到我们跟前它就害怕了，它不敢倔强，随便拿它怎么样都不敢倔强。它当我们只要两个指头就能捻死它，抬一抬脚趾拇就能踢它到半天云里，我们哈气就像下雨一样。那它就只有听我们使唤，天好，落雨，生田，熟田，我们要耕，它就只有耕，没得话说的。你先生说对不对，幸好牛有那么一双眼睛。不然的话，还让你使唤啊，那么大的一个，力气又蛮，踩到一脚就要痛上好几天。对了，我们跟牛，五个抵一个都抵不住。好在牛眼睛看出来，我们一个抵它十几个。"

以后，我进出院子的时候，总特意留心看牛的眼睛，我明白了另一种使人看着不自在的意味。那黄色的浑浊的瞳仁，那老是直视前方的眼光，都带着恐惧的神情，这使眼睛里的恨转成了哀怨。站在牛的立场上说，如果能去掉这双眼睛，成了瞎子也值得，因为得到自由了。

牛(节选)

张爱玲

禄兴衔着旱烟管,叉着腰站在门口。雨才停,屋顶上的湿茅草亮晶晶地在滴水。地下,高高低低的黄泥潭子,汪着绿水。……

禄兴在板门上磕了磕烟灰,紧了一紧束腰的带子,向牛栏走去。……牛栏里面,积灰尘的空水槽寂寞地躺着,上面铺了一层纸,晒着干菜。角落里,干草屑还存在。栅栏有一面摩擦得发白,那是从前牛吃饱了草颈项发痒时磨的。禄兴轻轻地把手放在磨坏的栅栏上,抚摸着粗糙的木头,鼻梁上一缕辛酸味慢慢向上爬,堵住了咽喉,泪水泛满了眼睛。

……不知道什么时候起,禄兴娘子已经立在他身后,一样也在直瞪瞪望着空的牛栏,头发被风吹得稀乱,下巴颏微微发抖,泪珠在眼里乱转。他不响,她也不响,然而他们各人心里的话大家看得雪亮。

瘦怯怯的小鸡在狗尾草窝里簌簌踏过,四下里静得很。太阳晒到干菜上,随风飘出一种温和的臭味。

"到底打定主意怎样?"她兜起蓝围裙来揩眼。

"……不怎样。"

"不怎样!眼见就要立春了,家家牵了牛上田,我们的牛呢?"

…………

"明天我找蒋天贵去!"他背过身去,表示不愿意多搭话,然而她仿佛永远不能将他的答复认为满足似的——

"天贵娘子当众说过的,要借牛,先付租钱。"

他垂下眼去,弯腰把小鸡捉在手中,翻来覆去验看它突出的肋骨和细瘦的腿;小鸡在他的掌心里"吱吱"地叫。

"不,不!"她激动地喊着,她已经领会到他无言的暗示了。她这时似乎显得比平时更苍老一点,虽然她只是三十岁才满的人,她那棕色的柔驯的眼睛,用那种惊惶和恳求的眼色看着他:"这一次我无论如何不答应了!天哪!先是我那牛……我那牛……活活给人牵去了,又是银簪子……又该轮到这两只小鸡了!你一个男子汉,只会打算我的东西——我问你,小鸡是谁忍冻忍饿省下钱来买的?我问你哪……"她完全失掉了自制力,把蓝布围裙蒙着脸哭起来。

"闹着借牛的也是你,舍不得鸡也是你!"禄兴背过脸去吸烟,拈了一块干菜在手里,嗅了嗅,仍旧放在水槽上。

…………

……到底借牛是正事——不耕田,难道活等饿死吗?这个,她虽然是女人,也懂得的。

黄黄的月亮斜挂在茅屋烟囱口上,湿茅草照成一片清冷的白色。烟囱里正蓬蓬地冒炊烟,熏得月色迷迷蒙蒙,鸡已经关在笼里了,低低地、"吱吱咯咯"叫着。

…………

后天的早上,鸡没有叫,禄兴娘子就起身把灶上点了火,禄兴跟着也起身,吃了一顿热气蓬蓬的煨南瓜,把红布缚了两只鸡的脚,倒提在手里,兴兴头头向蒋家走去。

黎明的天上才漏出美丽的雨过天青色,树枝才喷绿芽,露珠亮晶晶的,一碰洒人一身。树丛中露出一个圆圆的土馒头,牵牛花缠绕着坟尖,把它那粉紫色的小喇叭直伸进暴露在黄泥外的破烂棺材里去。一个个牵了牛扛了锄头的人唱着歌经过它们。

蒋家的牛是一只雄伟漂亮的黑水牛,温柔的大眼睛在两只壮健的牛角的阴影下斜瞟着陌生的禄兴,在禄兴的眼里,它是一个极尊贵的王子,值得牺牲十只鸡的,虽然它颈项上的皮被轭圈磨得稀烂。他俨然感到自己是王子的护卫领袖,一种新的喜悦和骄傲充塞了他的心,使他一路上高声吹着口哨。

到目的地的时候,放牛的孩子负着主人的使命再三叮咛他,又立在一边监视他为牛架上犁耙,然后离开了他们。他开始赶牛了。然而,牛似乎有意开玩笑,才走了三步便身子一沉,伏在地上不肯起来,任凭他用尽了种种手段,它只在那粗牛角的阴影下狡猾地斜睨着他。太阳光热热地照在他的棉袄上,使他浑身都出了汗。远处的田埂上,农人顺利地赶着牛,唱着歌,在他的焦躁的心头掠过时都带有一种讥嘲的滋味。

"畜生!单单欺负你老子!单单欺负你老子!"他焦躁地骂,"唰"地抽了它一鞭子。"你——你——你这畜生,还敢欺负你老子不敢?"

牛的瞳仁突然放大了,翻着眼望他,鼻孔涨大了,嘘嘘地吐着气,它那么慢慢地、威严地站了起来,使禄兴很迅速地嗅着了空气中的危机。一种剧烈的恐怖的阴影突然落到他的心头。他一斜身躲过那两只向他冲来的巨角,很快地躺下地去和身一滚,骨碌碌直滚下斜坡的田垄去。一面滚,他一面听见那涨大的牛鼻孔里咻咻的喘息声,觉得那一双狰狞的大眼睛越逼越近,越近越大——和车轮一样大,后来他觉得一阵刀刺似的剧痛,又咸又腥的血流进口腔里去——他失去了知觉,耳边似乎远远地听见牛的咻咻声和众人的喧嚷声。

又是一个黄昏的时候，禄兴娘子披麻戴孝，送着一个两人抬的黑棺材出门。她再三把脸贴在冰凉的棺材板上，用她披散的乱发揉擦着半干的封漆。她那柔驯的战抖的棕色大眼睛里塞满了眼泪；她低低地用打战的声音告诉：

"先是……先是我那牛……我那会吃会做的壮牛……活活给牵走了……银簪子……陪嫁的九成银，亮晶晶的银簪子……接着是我的鸡……还有你……还有你也给人抬去了……"她哭得打噎——她觉得她一生中遇到的可恋的东西都长了翅膀在凉润的晚风中渐渐地飞去。

黄黄的月亮斜挂在烟囱，被炊烟熏得迷迷蒙蒙，牵牛花在乱坟堆里张开粉紫的小喇叭，狗尾草簌簌地摇着栗色的穗子。展开在禄兴娘子前面的生命就是一个漫漫的长夜——缺少了吱吱咯咯的鸡声和禄兴的高大的在灯前晃来晃去的影子的晚上，该是多么寂寞的晚上啊！

（略有改动）

渭川田家

〔唐〕王维

斜阳照墟落,穷巷牛羊归。
野老念牧童,倚杖候荆扉。
雉雊麦苗秀,蚕眠桑叶稀。
田夫荷锄至,相见语依依。
即此羡闲逸,怅然吟式微。

上京即事五首(其三)
〔元〕萨都剌

牛羊散漫落日下,野草生香乳酪甜。
卷地朔风沙似雪,家家行帐下毡帘。

村居

〔宋〕张舜民

水绕陂田竹绕篱,榆钱落尽槿花稀。
夕阳牛背无人卧,带得寒鸦两两归。

村晚
〔宋〕雷震

草满池塘水满陂,山衔落日浸寒漪。
牧童归去横牛背,短笛无腔信口吹。

禾熟

〔宋〕孔平仲

百里西风禾黍香,鸣泉落窦谷登场。
老牛粗了耕耘债,啮草坡头卧夕阳。

饮牛歌
〔宋〕陆游

门外一溪清见底,老翁牵牛饮溪水。
溪清喜不污牛腹,岂畏践霜寒堕趾。
舍东土瘦多瓦砾,父子勤劳艺黍稷。
勿言牛老行苦迟,我今八十耕犹力。
牛能生犊我有孙,世世相从老故园。
人生得饱万事足,拾牛相齐何足言!

养生主（节选）
〔战国〕庄子

一

吾生也有涯，而知也无涯，以有涯随无涯，殆已！已而为知者，殆而已矣！为善无近名，为恶无近刑。缘督以为经，可以保身，可以全生，可以养亲，可以尽年。

二

庖丁为文惠君解牛，手之所触，肩之所倚，足之所履，膝之所踦，砉（xū）然响然，奏刀騞（huō）然，莫不中音，合于《桑林》之舞，乃中《经首》之会。

文惠君曰："嘻！善哉！技盖至此乎？"

庖丁释刀对曰："臣之所好者道也，进乎技矣。始臣之解牛之时，所见无非牛者；三年之后，未尝见全牛也；方今之时，臣以神遇而不以目视，官知止而神欲行。依乎天理，批大郤，导大窾，因其固然。枝经肯綮（qìng）之未尝，而况大軱（gū）乎！良庖岁更刀，割也；族庖月更刀，折也。今臣之刀十九年矣，所解数千牛矣，而刀刃若新发于硎。彼节者有间而刀刃者无厚，以无厚入有间，恢恢乎其于游刃必有余地矣。是以十九年而刀刃若新发于硎。虽然，每至于族，吾见其难为，怵然为戒，视为止，行为迟，动刀甚微，謋然已解，如土委地。提刀而立，为之四顾，为之踌躇满志，善刀而藏之。"

文惠君曰："善哉！吾闻庖丁之言，得养生焉。"

自嘲

鲁迅

运交华盖欲何求，未敢翻身已碰头。
破帽遮颜过闹市，漏船载酒泛中流。
横眉冷对千夫指，俯首甘为孺子牛。
躲进小楼成一统，管他冬夏与春秋。

桑茶坑道中
〔宋〕杨万里

晴明风日雨干时,草满花堤水满溪。
童子柳阴眠正着,一牛吃过柳阴西。

一头灰色的中国牛

〔法〕苏佩维艾尔　戴望舒/译

一头灰色的中国牛，
躺在它的棚里，
伸长了它的背脊，
而在同一瞬间，
一头乌拉圭牛
转过身去瞧瞧，
可有什么人动过。
鸟儿在两者之上，
横亘昼和夜，
无声无息地
飞绕了行星一周，
却永远不碰到它，
又永远不栖止。

水牛

艾青

灰色的皮毛,

干硬而无光,

弧形的角,

坚冷如凝霜;

满身沾结着,

池沼地带的泥泞;

巨大的眼睛含着阴郁;

望着田野的广阔与荒凉;

你永远无声地,

背负着弯曲的苦轭,

在过度的辛劳里,

吁出白气,

迈着疲困的脚步,

耕犁冻结的大地……

1939 年冬

牛的写意

李汉荣

牛的眼睛总是湿润的。牛终生都在流泪。

天空中飘不完的云彩，没有一片能擦去牛的忧伤。

牛的眼睛是诚实的眼睛，在生命界，牛的眼睛是最没有恶意的。

牛的眼睛也是美丽的眼睛。我见过的牛，无论雌雄老少，都有着好看的双眼皮，长着善眨动的睫毛，以及天真黑亮的眸子。我常常想，世上有丑男丑女，但没有丑牛，牛的灵气都集中在它的大而黑的眼睛。牛，其实是很妩媚的。

牛有角，但那已不大像是厮杀的武器，更像是一件对称的艺术品。有时候，公牛为了争夺情人，也会进行一场爱的争斗，如果正值黄昏，草场上牛角铿锵，发出金属的声响，母牛羞涩地站在远处，目睹这因它而起的战争，神情有些惶恐和歉疚。当夕阳"咣当"一声从牛角上坠落，爱终于有了着落，遍野的夕光摇曳起婚礼的烛光。那失意的公牛舔着爱情的创伤，消失在夜的深处。这时候，我们恍若置身于远古的一个美丽、残酷的传说。

牛在任何地方都会留下蹄印。这是它用全身的重量烙下的印章。牛的蹄印大气、浑厚而深刻，相比之下，帝王的印章就显得小气、炫耀而造作，充满了人的狂妄和机诈。牛不在意自己身后留下了什么，绝不回头看自己蹄印的深浅，走过去就走过去了，它相信它的每一步都是实实在在走过去的。雨过天晴，牛的蹄窝里的积水，像一片小小的湖，会摄下天空和白云的倒影，有时还会摄下人的倒影。那些留在密林里和旷野上的蹄印，将会被落叶和野花掩护起来，成为蛐蛐们的乐池和蚂蚁们的住宅。而有些蹄印，比如牛因为迷路踩在幽谷苔藓上的蹄印，就永远留在那里了，成为大自然永不披露的秘密。

牛的食谱很简单：除了草，牛没有别的口粮。牛一直吃着草，从远古吃到今天早晨，从海边攀缘到群山之巅。天下何处无草，天下何处无牛。一想到这里我就禁不住激动：地上的所有草都被牛咀嚼过，我随意摘取一片草叶，都能嗅到千万年前牛的气息，听见那认真咀嚼的声音，从远方传来。

牛是少数不制造秽物的动物之一。牛粪是干净的，不仅不臭，似乎还有着淡淡的草的清香，难怪一位外国诗人曾写道："在被遗忘的山路上，去年的牛粪已变成黄金。"记得小时候，在寒冷的冬天的早晨，我曾将双脚踩进牛粪里取暖。我想,如果圣人的手接近牛粪,圣人的手会变得更圣洁;如果国王的手捧起牛粪,国王的手会变得更干净。

在城市,除了人世间浑浊的气息和用以遮掩浑浊而制造的各种化学气息之外,我们已很少嗅到真正的大自然的气息,包括牛粪的气息。有时候我想,城市的诗人如果经常嗅一嗅牛粪的气息,他会写出更接近自然、生命和土地的诗;如果一首诗里散发出脂粉气,这首诗已接近非诗,如果一篇散文里散发出牛粪的气息,这篇散文已包含了诗。

A Talk with Cattle

/

作

绳子

唐语点(七年级)

一头牛横卧田边,望着夕阳从它角的上方坠落,它的背影好像一根粗绳子。

牛的一生都和绳子有关。儿时,人们用绳子拴住它,不让它逃走。长大了,人们把绳子套在它身上,让它耕地。宰它的刀上,也许还系着一根红绳。对牛弹琴者的琴弦微颤,演奏着世间的繁华。

在蓝得吓人的天空下,牛吃草饮水,牧童横骑在牛背上缓缓归家,用短笛吹着不成调的曲子……也许这才是一头牛所能做的最好的梦吧!

牛对世界而言是加法,它将驯良留给了主人,气力送给了新生的庄稼,情感赠给了牧童。当牧童捕鸣蝉之时,它等着他;当农夫吆喝着耕地时,它拖着犁,没有一丝抱怨。它把自己被扼杀的青春和钻过荆棘篱笆的壮年藏在眼底,等一位真正懂它的人把它们掏出来。

如果说牛对于世界是减法,不如说它对于自己是减法。牛像个圣者,自己扛下了一切,不靠聪明人装饰自己的言语。它吃草,产奶,悠闲地在路中间睡午觉。牛的一生不断在失去，失去青春，失去力气，失去夕阳和背上的牧童，但它没有怨言。也许这就是为什么牛的眼睛如此澄澈吧！牛的命运如同一根绳子，只有顺从才会被捆得松些。而在死后，它的躯体会化入它所钟爱的土地中。

牛本身也是一根绳子。精神和情感拧在一起，使它成为牛。只有庖丁看得出它们之间的缝隙。

夕阳下，一个牧童用绳子牵着牛回家了，牛蹄印中的水摄下了一朵云。

解牛

富宇涵(七年级)

一把刀插入牛的身体中什么也没有碰到,刀锋也没有变钝。屠夫切一整头牛,牛没有被切开,牛的思想却被切开,屠夫心中的牛也变成一块一块。

那头大黄牛在像蛛网一样的田地中前行,牛伯觉得牛耕地得心应手。牛肉铺子的老板觉得,牛被做成肉是牛的幸运。人们赞美厨师的手艺,但厨师没有看见过牛,他所见到的只是一堆牛肉。屠夫解牛,唯独解不开牛的思想,牛的思想埋在田地中,牛伯叹气,寻找另一人来解开牛的思想。

来耕地的人们代替了牛,他们解开了牛的辛苦,没有用刀,只用自己壮实的身子。他们用人的语言告诉牛伯如何处置那牛,但从来没有把牛的哞哞声当作牛的意见。牛伯打发走了耕地人,怕他们到处说坏话。牛伯没有办法,牛的思想依旧没有被解开。

毕加索拿着几支画笔,在老牛身上画,画笔了解牛的结构和轮廓,也知谙牛的画法。牛被画得越来越简约,那不是减法吗?毕加索未曾解牛,他在拼牛。

诗人想解开牛,他说:"我要建一座城市,在那里，人和牛要平等。"牛伯没有意见，人们却嘲笑他的天真。可他们不知道，站在牛的背上，就是站上一座城市。

"哞，哞！"琦君用自己的童年解牛。人们用牛犊换来春天，用一幅画换来童年。人们可怜牛，却仍然吃着牛肉，让牛耕地。牛耕出的地是一条条横线，像一个个减号。

人们站在减号上打滑，牛露出了笑容。

子非牛

赵涵(五年级)

子非牛,安知牛之乐?只有牛知道自己快不快乐。

牛像一团深褐色的云,悠闲地飘过属于它的青草地。草地上,散落着被遗忘的光辉。那几架农具,不再将它束缚,它自由了。

牛走过这草地,慢慢地抬起头,仰望着天际。它是否在乎别人对它的看法?它低下头,继续向前走。

牛,为何如此受人尊敬?

牛是朴素的,没有华丽的皮毛,没有精美的装饰。牛是温柔的,如同猫、狗,能听懂人的话语。牛任劳任怨、默默无闻,就算最后要被宰了,也会乖乖地等待人类的屠刀。牛是老实忠厚的,无须人的鞭笞,它能做好田野间的一切。可为什么许多动物早晚都会成为人类的手下败将,而且不论善恶,一律都被抽筋扒皮?不过,牛的遗嘱还是美好的:

"我愿重生在泥草之间,以大山草原为家,獐鹿为友,牛犊为亲。"

人类的历史几千年,牛走了几千年。从美好的"风吹草低见牛羊"到"一牛吃过柳阴西",从"夕阳牛背无人卧"到"牧童归去横牛背",从"不辞羸病卧残阳"到死亡。牛就这么死了,死后还要折腾一番,那时的牛,早就不复是牛了。

子非牛,安知牛之乐?确实,就连牧童对它也有所不知。

子非牛,却有人熟知牛性,正是那些理解牛的人把它们宰了。

牛

逯朴（四年级）

我曾梦想有一头牛。是"天苍苍，野茫茫，风吹草低见牛羊"中悠闲自在的牛吗？是"牧童骑黄牛，歌声振林樾"中的大黄牛吗？是"牛困人饥日已高，市南门外泥中歇"中疲劳的牛吗？还是毕加索笔下那越画越少的牛呢？我也不知道。

直到我读到沈从文的《牛》。在沈从文的笔下，牛是有感情的。沈从文的《牛》中有这样一句："那牛仿佛也明白了大牛伯心中已认了错，记起过去两人的感情了，就回头望着主人……"我很爱这句，也希望自己的牛是一头温顺可爱、懂人心思的小牛，而不是张爱玲笔下那头下手无情的牛。

我喜欢牛，不管它是大黄牛，还是黑水牛，或是全身长满毛的牦牛。二年级时，我回了我的老家——青海，在那里我看见了许许多多的牦牛。我一高兴，便跳起舞来，一头牦牛目不转睛地望着我，尾巴也摇了起来，连草都忘了吃。我喜欢这头牛。青海的牛是自由的，是不受人约束的，它们在广阔无垠的大草原上吃草，无忧无虑地散步。

唐代画家韩滉很会画牛,他画的《五牛图》可是数一数二的,画中的牛有筋有骨,每头牛的动作和神态都不一样。在古代不止韩滉爱牛,许多文人也爱牛,我想那时的牛还是人们不可或缺的伙伴。

减法

张若涵（六年级）

牛，眼中只有前方，田地间只有它自己，它一直向前走，向前走。它走出的长长的直线，像天地间的减号。它的默默耕耘，给农民带来了丰收。

牛在毕加索的笔下走着，它的名字叫黄龙，它的背上似乎还留有帅旗的痕迹。一道减法下来，"减"没了帅旗，"减"去了牛曾经的梦，以及那傲立天地的气质，还剩下……画家思索着，画纸上的仍然是牛，却少了一些线条，上面题字：牛的减法原理，第一条，少能变出多。

牛在田间，有一副圣者的样子。它思及悲处，泪落似春雨，浇灌着土地。牛对人来说，与锄头无异。然而，它并非无名，却被人做了减法，世人只记得它那一声凄惨的"哞"。牛默默地看守那片土地，抬眸，静静看着柳荫西面。上天做减法，"减"去了牧童的欢乐。牛做不了王子的护卫，就连牧童的护卫也做不成，只能做眼泪的守护者。

画家微微一笑，画笔一挥，一道减号印在画纸上。这画中的牛，少了牛的雄伟，多了几条抽象的线。这草草几笔却好似画出了牛的一生。

牛做了减法,它承认自己是半个人,年龄长在角上,一望便知。牛命皆相似,一生孤独。它们的眼似明镜,里面却只有锄头和无尽的减法。

草草的几根线条,展现了减法应有的规则。

"减"不断,理还乱,是牛愁。它抬起头,望着散漫的落日,心中别有一番滋味。

牛,如那落日一般,在"减"去了周围光辉的同时,也"减"去了自己的耕耘牛生,最后倒在了自己看守的土地上。

大写的自由

吴玟慧（六年级）

一头牛从牛犊开始，像一个小孩子，慢慢长成一头强壮的牛。一头牛，吃的是草，挤出来的却是奶。这是命中注定的事情，牛是没有自由的。牛虽通人性，可以说是半个人，但是它只有单调的记忆。

积起灰尘的空水槽寂寞地躺着，牛在草地上奔跑，头顶是蓝得可怕的天空。牛自由了，它们过得比人好，成了"偷懒"的牛。

牛有着高远的眼光，人要给牛让路，而牛只管往前走。一头刚出生的小牛犊就似春天，黄色的母牛就似秋天。牛现在有着大写的自由，可以在四季之间随意穿梭。牛有了思想，可以站在城市的楼顶看风景，让人服务于它。

"风吹草低见牛羊"，现在的牛就像一位圣者，有大写的自由，有灵性，那单调的记忆也逐渐被雪藏。

牛睁开眼，发现刚才大写的自由只是一场梦。世界上又有了"戴嵩画牛"与"对牛弹琴"，刀马上就要从头顶落下，牛流出了几滴眼泪。那梦是牛所能做的最好的梦。

人开始和自己的"伙计"说话,牛听懂了吗?人与牛的友谊,人和牛说话,是无心的还是有意的?

牛——人忠厚的伙计。

人用刀结束了牛的生命,它实际上从没有得到过大写的自由,这就是它可悲的命运。

牛没有大写的自由,只有几根一眼望得到头的命运线条。

逃不出的草原

林雷沫（六年级）

广袤的草原上，牛儿在吃草，无所谓雄心，无所谓壮志，无所谓高尚。它守着属于自己的草原，一步一步默默吃草，它不想活成马，不想活成猪，它只想活成自己——牛。

牛对于毕加索是一道减法，从繁到简，他把幸福一点一点化整为零。牛在庖丁面前更像是一件艺术品，庖丁用牛刀在牛的骨头与肉之间来回穿梭，雕刻出一幅幅完美的牛图。

它无法摆脱自己的身份，作为忠厚的动物，它为它的朋友辛勤劳作。它可以成为一头耕牛，在时间的筛子里筛走曾经的光辉，就此败落也无怨无悔。它也能从小牛犊开始训练，成为一头受人爱戴的强壮的老黄牛。无论如何，牛再努力还是逃不出无边无际的草原。

立春是一头刚出生的小牛。牛没有停下脚步欣赏绚丽的春色，更没有时间欣赏自己留下的脚印。它只管往前跑，往前跑，它用湿润的眼睛诉说着时间追赶它时它所承受的痛苦。

它在草原上奔跑起来，试图逃离草原。路途中，它遇见了鲁迅："伟大的文学家啊，我愿像你一样成为一头孺子牛。"这呐喊并未得到真诚的回应。牛凝望着天空，似乎懂了它这一生的宿命。悠扬的笛声唤起了它奔跑的信念，它转头继续向前奔跑，摆动的牛尾引起牧童的好奇。

"你有没有发现，我们的命运都是相似的？"牛对着天空发出疑问。

最后，它累得躺在了草原上……

在俄罗斯的牧歌中，可怜的牛缓缓醒来，流下了大颗大颗的眼泪。天地也似乎没有那么远，可它永远逃不出那片草原。

风

潘周惟(六年级)

听说每一头牛都是一阵风,吹过 1980 年那个红色房顶的童话,吹过孩子眼中那个永远的春天,吹过那一段人与牛之间不为人知的情意。风把天空吹蓝,把一只喜鹊放进牛的眼中;风也把太阳越吹越低,并把它放在老牛的背上,放进王维的诗里:"斜阳照墟落,穷巷牛羊归。"

牛只管往前走,从不回头看。风也是一样,不向前吹的风不是好风。牛踩在地上,踩在其他牛的脚印里,那是风曾经吹过无数次的地方。似乎每一头牛都走同一条路,每一阵风也只往一个地方吹。牛总是走在那些年自己走过的地方,那是它的故乡,它认识那里的每一个人,每一缕阳光,每一阵风。阳光照在它头上,它的梦里都是茂密的树林和草色青青的大地,那是它熟悉的地方。一个人,一头牛,借着夕阳,它们的影子像一渠水,缓缓地向家里流淌。

风又继续吹着。吹着那些年牛的谦卑和忠厚,吹着下辈子转世为牛的梦,吹着那个被牛眼放大的世界,吹着那句"哞哞"的牛言牛语。一切都只是一阵风。

当牛老了，风便吹得慢了，这时候，牛会明白世上的许多道理，它觉得自己是半个人了。那些事情像沙子一样埋住了牛，它的世界变得暗无天日，风也吹不开它们。牛很清楚自己能走多远，能做多少事情，当牛很累了，它就要死了，死是它生命的最后一步。

风会像庖丁一样解牛，解开牛的秘密，解出牛的世界。它看到了牛眼中的蓝天白云和吹过它的东西南北风；看到了牛走过的路，听过的鸟叫，受过的苦。牛这一辈子的喜怒哀乐，连同它的思考，风都看懂了。

牛死了，所有人都知道，但人们很快就会忘得干干净净，好像它从来没来过一样。它像一阵风，什么也没留下，却带走了人们记忆中的春天。

只有我知道，那头牛回到了天上，成了风。它做了一个梦，梦见家乡的柳树发芽了。

脚印

马梓玹（六年级）

牛只管往前走，每个脚印都是深重的，扎在泥土里。它仰起头，像在思索些什么。"你们看那牛，真像个圣者。"圣者？老子骑青牛——他为什么不骑马？也许马跑起来太快，而牛适合人在它背上想象一个传奇的故事。

余华家的"福贵"守着自己的一方田地，默默耕耘。"黄龙"曾背着帅旗上战场，回头还是要耕田犁地。乡下的耕牛是贫富的标志。

我也想有一头牛，琢磨着管它叫金刚牛，可以骑着它飞到云彩里去。我喜欢它的"跳"和"笑"，它踏着温厚踏实的步伐，是我的好伙伴。

它载着我，前后蹄的踢踏使周围的土地、空气、云朵一起震动。朝下看去，几个穿着红披风的斗牛士围住一头牛。这头牛被披风引诱着，在场中绕圈，留下了自己的痕迹——自己的脚印。此时的牛，没了"一牛吃过柳阴西"的悠闲自在。

隐约中，我听到批评家在问一生酷爱画牛的毕加索："少，能变出多吗？""一点不错。"毕加索答道。

那头牛在我的注视下,也热切地注视我。随着批评家不断问话,那牛在毕加索的笔下不断简化,由黑白灰素描写实的牛一步步演变成几根线勾勒出的公牛。毕加索如庖丁解牛一般,"以无厚入有间"剖开牛的身体,洞察雄健的骨干之间的奥秘:牛的肌肉线条走向如何,如何有一对挺拔的八字形牛角?牛的艺术性体现在线条的简化之美中。毕加索说他用四年时间学会像拉斐尔一样画画,却用之后的人生学着像孩子一样画画。似乎毕加索真的长着一颗牛头,拥有牛的眼睛,拥有牛的心脏,拥有牛的坚持。

牛蹄响处,但见地上蹄印如一"牛"字。

道理

文竹（六年级）

我看了牛的道理，一成不变，简简单单，平平凡凡。

牛的一生遵守道理。初生的牛犊不怕虎，它有着初春花开的勇气。牛犊的世界，是一幅缤纷的油画，不留一点空白。直到鞭子一点点鞭打，打掉生命的多彩，直到它明白了一些道理，它的生命也从繁到简，简单到只有黑白的点、线、面，如同一幅抽象画。

花草有生长的道理，马有自由的道理，万物皆有自己的道理。牛在田地里日复一日地耕地，似乎大地也变为一头土黄的大牛。牛像庖丁，每一寸土地，每一根杂草，每一株麦子，它都记得清清楚楚。它又像鞭子，在土地上耕出凹陷的痕迹，让土地由简到繁。它在织一张网，网很小，在大地面前仿佛沧海一粟；网又很大，困住了自己的生活。牛是织网者还是入网者，它不知道。

牛的内心和毕加索的画一般，人们自然读不懂其中的道理。只有天真的牧童一知半解。牛厌倦了生活。世间在它眼中做着减法。它知道自己终将以悲剧收尾，向死而生，但还是用那双大眼睛欣赏美。它知道自己不是白马牛，也不是雕塑牛。它注定无名，但这也足够了，它的名字会藏在一草一木里，藏在它奉献了一生的大地上。

你看那奶牛是一首哲学诗，它用毛发展现万物两面的道理。陈四爹视牛如子，剑杀手却将牛残忍地杀害。老黄牛渴望斗牛的荣耀，斗牛却想要归隐田间。牛儿想成为人，而有的人却想成为牛……

牛抬头望天，看着喜鹊飞过，却永远不理解人世间的道理。它无暇回头，更无暇思考，时间不会等一头牛，只有白云陪它白头偕老。面对"腹泻不断的繁华"，它更喜欢"捉摸不定的空旷"。

夕阳西下，晚霞将牛的世界铺成了彩色。这是一头牛的故事，是好的故事。故事很美、很简单，美不需要道理。

回头
赵健钧（六年级）

它拉着犁，只管往前走，旁边是它的主人。它不回头，一步一步踩在土里，我看不见它的泪滴。它背上没什么伤痕。它是一头牛。

我一回头看，眼前突然变为一片红色。一个着装华丽的斗牛士手拿一块红布，而一头公牛向他冲来。我看不见牛的眼睛，斗牛士一挥红布，牛从他的身旁冲过去了。斗牛士回头，又甩了甩红布。我摇摇头，想脱离这个梦，一转头，牛正向我冲来，我躲不开了。牛没有回头，它只顾冲。观众回头，他们不忍心看到这种场面。我不回头，我看着它的眼睛。梦醒，我躺在土里。

牛不再往前走，它叹气、趴下。我骂这头牛，它却不反抗，独自安静地趴在那。我一想，也就不说了。它的牛背被阳光照得金黄，它像哲学家一样思考。突然一个木榔槌砸过来，摔在牛背上，它没回头。我回头一看，世界变成一幅水墨画，黑色晕开来，突然又成了一幅铅笔稿。有人拍拍我的肩，我转过头，是一个外国人，他在纸上画了几条线，问我是什么。我听不懂他的话，点了两下头就离开了。牛还在那里思考，我也坐下来思考。我想不通，去问牛，它一看便叫起来——这画的是一头牛。

天空蓝得让人打寒战，牛瑟瑟发抖起来。我一回头，竟快到春天了。"我做了几个梦，现在也忘了。你为何不回头看呢？"我听不见回答。牛把田犁得很整齐，躺在上面很舒服。远处，鸟在追逐地平线。

牛还活着。沉默中，它回头了，我也回头——每一次回头，都不过是一次回望与总结罢了。

牛与人

胡子茹（六年级）

牛是忠厚的动物，与人的感情非常深厚。牛与主人的关系非同寻常，牛平时仿佛主人的儿女一般，主人纵是骂它，也如骂亲生儿女。主人说小牛时，小牛无意见，只好望着天空，看喜鹊飞过去。主人与牛之间如亲人一般，亲密无间。

在有些地方，牛是神圣的动物。人们在路上开车时，如果遇到了正在吃草的牛，还得停车让路，等牛吃完了再继续行驶。但在另一些地方，即使是这样忠厚的动物，结局也是悲惨的。牛的一生勤勤恳恳，可最后还是要与主人分离：有的被衙门抓走，有的被宰杀。

这世上，了解牛的人有很多，而在我的心中，毕加索和庖丁是这世上最了解牛的人。先说毕加索，他画牛从繁到简，开始时，毕加索画得非常细致，可后来草草几根线条就把牛的形态画了出来。而庖丁，则是因为他会解牛，他的刀在牛身体里自由游走，别人看到的是一头牛，他看到的却是牛的各个部位。所以我认为毕加索和庖丁才是最了解牛的人。

在牛的眼里，你会看到整个世界。

解牛

陈天悦（八年级）

这是一个久远的故事，落日尚未斜照大地，老牛与刀刃的较量就已经开始了。庖丁的手握着刀挥向空中，一切陷入灰色的沉静之中。我望着这把用了十九年之久却锋利如初的刀，凌驾在一头灰色的中国牛之上。

我问他为何解牛，他没有回答。刀锋在牛身体中来回，畅行无阻。"以无厚入有间"，他在牛筋腱骨肉的狭小空间里，露出了牛的深层结构。他实在是一个神奇的人，分明在解剖牛，却像在一点一点解开中国文化的深层结构。

分解牛的筋骨，我看见了很多乡村故事。前一秒，主人与牛在热切地谈论丰收的季节，念着"天好，落雨，生田，熟田"的俗语。下一秒，牛就背负起弯曲的苦轭，迈着疲劳而沉重的脚步，犁开冻结的大地。我慢慢发现，牛变得和无数农民一样，他们只会问对方是否吃饱，是否耕犁，对其他的事物却一无所知。他们不懂毕加索画纸上几根线条的抽象，不懂"牛羊散漫落日下"的抒情。

"解开牛",我读到了中国经不起破坏的二人结构。牧童的世界是"朝牧牛,牧牛下江曲。夜牧牛,牧牛度村谷",日常的分分秒秒、日出日落都与牛有关。从前,那个孩子的世界围着"黄龙"转,"黄龙"也只认他是自己的主人,我似乎看见了孩子走在前头,牛跟在后头的画面,诗意而沉重。我还目睹过人与牛分离的悲剧,陈四爹挂着浓重的愁容围着不幸的黄牛的尸体,杀牛的刀似乎割在了自己身上。我深知,牛与人的生活只是一场为了告别的聚会,牛与人的结构注定是一场悲剧。

牛是忠厚的动物,不敢反抗周遭的世界。透过牛的眼睛,人类变得很庞大。看着大得近乎恐怖的人,牛选择屈服,守着一方土地,一步一步默默耕耘。正如统治者梦想长治久安,牛也梦想着主人与自己的生活永远"和为贵",梦想着阳光灿烂的森林与草色青青的大地永存。

我不再等待庖丁的回答,也不再窥探牛的结构。所有故事都变成了一滴结实的汗珠,重归于灰色的沉静之中。

短笛

叶悠然（八年级）

牧童横坐在牛背上，将短笛凑到自己嘴边。牛只是垂下头吃它的草。

对不懂音乐的牛来说，对着它弹琴和对着它吹笛没有什么区别。牛驮着牧童慢悠悠地走上山坡，每一步都踩不到笛声的拍点上。它知道牧童一定在心里骂它笨，想找个空子溜走去捉小虫子玩，但它什么也没说，只是吃草。

牛知道，对人而言，自己的每个动作都是有目的的，吃草是为了有力气干活，犁地是为了种粮食，上屠宰场是为了让人们吃上肉。牛的命像短笛，不算长，按什么孔就出什么音，没有钢琴的转调和和弦，只有一个音符紧跟着一个音符的旋律。

牛已经不小了，也犁过几个春天，此时，短笛声和着童谣已经唱到了"九九加一九，耕牛遍地走"。当它被牵着走进田里，它就知道离春天不远了。牛眼中的世界是黑白片，因此斗牛士手中布的颜色不是为了使牛愤怒，只是用来调动人的情绪。对牛来说，春天的短笛声和秋天的短笛声没有区别，它不会因为桃花和枫叶染上不同的颜色。在春天这个苦痛的季节，牛那似乎永远迷茫的眼睛里只容得下这一方土地和农人手中的鞭子，连它自己的一个脚印也装不下。它拉着犁，从田地的这头走到那头，在身后为这并不富裕的农户的田地留下丰收的希望。

"走吧，你这畜生！"农人对它高高扬起鞭子。牛并不觉得这个执鞭的男人是自己的再世爹娘，但它依然沉默，企图把自己的情绪埋藏在汗水之下。短笛仍欢快地响着，不懂牛的人站在旁边聊着明天用牛肉下酒。牛垂下它的头，这次是为了脚踏实地，这样它才能像琦君一样思考。这一步是倔强，那一步是锐气，伴着牧童的短笛声，它一步一步把自己犄角里的冲动埋进土地里。

"好了，回家吧。"在一声吆喝中，牛被牵着走上田埂。这声吆喝的尾音和牛一起飘散在风中。牛知道，很快它的肉体将会消失。而牧童并不在乎，因为将会有下一头牛要他放。牧童拿着他的短笛，凑在嘴边，这一曲丢了旋律，丢了尾声。

"短笛无腔信口吹。"

耕牛

李了（七年级）

我看着那头牛在耕地，每一步都付出了全部的心力。它不会回头欣赏自己在田地里留下的脚印，它眼前只有泥土。

牛耕地，每一只蹄子分割着的是一天的时间，每一步都会减去一分或一秒。用四条线连成一头牛，毕加索的牛像是一道减法，从复杂到简略。所有的牛就像诗人文晓村所说的那样，默默耕着一方田。牛走一步，做小牛犊的时间也会减少一点。从立春的小牛犊到秋天的黄母牛，牛的生命一点一点也做着减法。

牛的一生是一部悲剧，在一块红布的抖动下发生。西班牙人为何斗牛，而不斗马呢？或许，这就是牛悲惨的命运吧。庖丁解牛，那几千头牛只是庖丁十九年的实验工具？悲剧在一把快刀下结束，牛身上的筋与骨头都不会被刀切断。我躺在牛以前耕地的地方，看着高远的穹苍。

谁最懂牛？牧童骑在牛背上吹笛。牛静静地吃草，想着自己耕地时耕出的时间。我坐在耗费了一个春天建成的小木屋里，看戴嵩画牛，看小牧童指出其中的错误。"哞"的一声,牛教会了琦君三岁前会说的第一个字。老子骑牛,牛也许并不知道坐在它背上的是一位圣者。牛也被一些人称为圣者、哲学家,那为什么我却只看见它在耕地,它眼中流出的是悲惨的眼泪?

随着牛一步一步地往前走,一次一次地用尽全部心力拉犁,耕地的时间默默地做着减法,太阳也从山顶落到了山脚下。

眼泪

应镕伊（五年级）

我是一头牛，一头有灵气的牛。我有一双诚实、美丽的眼睛。好看的双眼皮和长而善眨动的睫毛下，是一双天真黑亮的眸子。

那天犁地时，我走得慢了些，主人便用木榔槌重重地打在我的腿上，我流下了眼泪。眼泪滴在草地上，草的清香冲进了我的鼻子。大滴大滴的泪水滴落下来，但再多的眼泪也洗不掉我内心的忧伤。

我想到，作为一头牛，勤勤恳恳干了好几年，最后还是会被绑在案板上，等着被屠宰；想到我那忠心耿耿的伙伴，被主人的鞭子抽打；想到被主人大牛伯称为"伙计"的小牛，最后被衙门征发到不可知的地方；想到那头被夺走孩子的满腹忧愁的母牛，失去了牛庄中最大的乐趣……我仿佛看见它们那美丽的眼睛里流下泪来。泪水抹去了它们对世界的怨愁，却抹不去它们心中的痛。

我听见边上有人在说，等冬天了，就要把我拉到屠宰场宰了卖肉，泪水再一次模糊了我的眼睛。"人"网恢恢，疏而不漏，没有一头牛能挣脱人类给它编织的命运之网。眼泪更是无法抹去网的黑暗。

人类呀,子非牛,安知牛之苦?我们忠厚老实,我们眼里满含的那一滴滴眼泪,岂是人类能体会得到的?牛的世界只有那么丁点大,只有我们自己能懂自己。泪水又一次滴落了,我的心情变得十分低落。我们无法反抗人类,谁让他们似金刚般高大呢?

世界似乎也已被泪水冲刷过了,可人类未曾改变。

春

刘丰鸣(七年级)

人们耗费一个春天建成了牛棚。

无所谓雄心与壮志,没有一头牛渴望上战场。牛守着一方土地,耕田是它唯一的使命。它用铜钱般的蹄印买下一整片田的翻土权,每走一步都要付出全部心力。牛无暇看铜钱草,也不会想着买下一整个春天,它只看着眼前的土地,看麦苗由青转黄。"真像个圣者。"不会有人认为牛会懒惰怠工,也不会有人认为老子会骑千里马过函谷关。自从牛被人们驯服,就没有人会觉得牛不忠厚,它不工作是因为老了,病倒是因为累了,就算是顶死自己的主人,也是主人压迫在先。

牛唯一的渴望,也许就是来年的春天。牧童、牛、笛子、春草、落日、乡村,春天也许并不需要万紫千红。牛是与人最亲近的动物,也是和春天最亲近的动物。它能替人干活,和人聊天,也许还能听懂琴声,因为它能听懂人的倾诉,却从不和人争辩。雇来替牛干活的人,虽少挨鞭子,却多了嘴上的功夫。

也许,春草会在牛肚子里发芽,牛用蹄印买下的田,都在它肚子里生着春草。牛会在肚子里养一个春天，里面阳光强烈，水波温柔；天苍苍，蓝得怕人；野茫茫，春草无限。牛是一个圣者，有和春天一样大的气量。春天是属于牛的，牛也是属于春天的。

庖丁能看见连接乡村的阡陌，农夫能看到春天的生机，牧童能看到春天的可爱，毕加索能看到春天的几根骨架，琦君能听到春天"哞哞"的叫声。

此刻，牛比象更大，无数的人来摸牛，想知道真正的牛长什么样子，却只能知晓牛的一部分，并以为那就是它的全部。牛肚子装得下世界，它能包容一切，并回报以春天般的笑容。

九月，去春不远。牛在棚里想。

眼泪

张心远（五年级）

牛的眼泪无声滴落。

当牛挨着鞭子时，一颗颗结实的汗珠伴随着眼泪流了下来。牛的眼泪纯洁如"夏洛的网"上凝结的露珠。牛和马一样不明白人类的狡猾。被牛大伯称为"伙计"的牛被抓走了，他后悔当初没把牛的脚打断。牛是通人性的，在离别的最后一刻，牛用水汪汪的大眼睛向主人诉说自己的不舍，留下一摊眼泪作为最后的礼物。牛与人之间的悲剧里充满眼泪，到了最后，也只能是"你有你的，我有我的方向"。

一头上了年纪、病痛缠身、已经筋疲力尽的牛，卧在残阳下，它用泪眼望着落日像一个句号般结束了一天。落日对它来讲，是一滴红色的眼泪，代表了它的一生。它曾为生与死间的较量流下了多少眼泪，等待的却是必然的结果。如今，它将洒下最后的眼泪，告别它用眼泪书写的今生，不带走一片云彩。它相信，它没有枉费为牛的一生。

对牛弹琴，牛何尝没有听懂？它不必推敲弹琴者的内心，只默默流下一串串眼泪，因为它戴上了傻子的面具,掩盖了自己哲学家的身份。毕竟能被老子当坐骑的,怎么不会是圣者呢?毕加索画牛,从细致入微到抽象的几根线条,从少中变出多,他或许懂得牛在"碌碌有为"的一生中,流下过多少眼泪。

立春像一头没有流过眼泪的小牛犊,它带来了新的轮回。在痖弦用一个春天建造的小木屋旁,有李可染画中一般的风景。这里的牛虽从不让泪水溢出眼眶,却懂得流泪的感受。这里虽是桃花源,但这里的牛懂得武陵人曾经的苦难。在牛背上看春天、看日出日落的人不懂牛,只有牛自己懂自己,牛懂得自己是用多少眼泪才换来的桃花源。

吃完草的牛会睡去,它梦见自己成了一个人,梦里它流下了眼泪。牛的眼泪也是珍贵的。

从题目到答案

裘依萱（六年级）

很久以前，长着牛头的毕加索将自己的黑白自画像用千万线条留在了画纸上，给出了人们最初想要的答案。

这答案被人不断地修改着。牛的命运也如同这个答案一样被修改着。

"唰唰，唰唰。"长着牛头的毕加索，用手中的笔书写新的答案，他的目光之外也皆是牛。刚开始的答案是"文牛"，现在，他要把答案修改成一头"艺牛"。"唰唰"的书写声好像是刷洗"文牛"的声音，"文牛"那黑色的皮毛将被人拿去卖钱。

皮毛消失了，肉也在不断脱落。题目开始清晰起来，那是一道减法。题目慢慢简化，从平面简化到只剩几根线，毕加索依然称之为牛。答案还在不停地修改。画中的牛像犁地一样只管往前走，无暇顾及自己从前是否有过血肉。它吃下的是笔墨，吐出的是一根根的线条，这每一条线都只属于牛自己。

毕加索的答案越来越简单，别人怀疑他答错了，错就错，"文牛"终会成为"艺牛"。

小店老板在解牛,他的店里有的是牛肉的线条,他希望这些线条越多越好,最好能多到令人眼花缭乱;他希望牛的皮毛越黑亮水滑越好,最好能黑到反光。可是,毕加索给出的新答案令他无法"下刀"。他不想用解牛挣来的钱换取一幅只剩骨架的牛。

但是,你们看毕加索给出的那新的答案,那寥寥几笔的牛,真像一个圣者。

行走

江嘉轩（六年级）

残阳如鞭，一鞭子将小村庄白日的喧闹打尽，一群牛儿从暮色中缓缓走来。

行走，是牛的慢节奏。慢慢走来，牛的思想化为毕加索手中的一支笔，在时间的青草地上画出几根线条。毕加索的笔在纸上行走、踱步，由繁至简，画出了一头抽象的牛。毕加索，只用几条行走在纸上的线条，绘出了牛的慢节奏。

牛走过的路上，有翡翠般的春，红玉般的夏，黄金般的秋，白银般的冬。春这头小牛犊铺就清新柔软的土地，任牛舒服地耕耘；夏这头野牛用一望无际的草地和带有嚼劲的草款待牛；秋这头母牛用丰收的喜悦温暖牛的心田；冬这头大公牛使牛的灵魂回归故土。牛，将四季轮转牢牢把控，它继续行走，听到身后的琴声从不回头。

行走，行走。牛走过昔日，走过明日，走过一日又一日。牛守着一方土地，为农人耕耘，一步一步，走过四季的田野。牛成了朴实的代表。它没有华丽的衣服，没有黄莺那样的动听歌喉，那又怎样？牛依旧行走在世世代代人的心中。

　　牛仍然行走、漫步，仿佛在思考："谁懂我？"它嚼着嫩草思考，"是毕加索吗？用四笔便分割了牛的身体，不，那只是想象。是庖丁吗？仅用一把刀，便游刃于牛的躯体，不，那只是技术。是牧童吗？阵阵笛声吹来阵阵桃花雨。"牛抬起头，大眼里映出多彩的世界，它突然想通了："是我，我自己才是最了解我的，我是全宇宙的中心。"

　　夕阳如流水般滑下地平线，夜色网住了牛。雄健的骨干，挺拔的八字角，牛如同一个车轮，不停地行进。

牛

钱奕凡（六年级）

我看见一头牛慢慢走过来，然后它慢慢转了个弯，在小巷的某处不见了。我跟了上去，又发现了它。它走得很慢，牛蹄踏在青石板上发出好听的声音。走了一段距离后，狭窄的小道突然变得豁然开朗，前面出现了一座山。

牛慢慢走了上去，走到山顶后，它忽然停了下来。一个小牧童飞快地跑了过来，他爬上了牛背，看见了我，便对我说："要上来吗？"

我拉着他的手爬上了牛背，小牧童愉快地给我看他刚刚抓到的蝉。"我带你去看看我们的牛吧！"小牧童说。

牧童让牛走到了一片草地上，那里放眼望去有很多的牛。

里面有一头似乎只是用几根线条画出来的牛，像毕加索画的牛。它在草地上走着，看上去像是随时要倒下。

里面还有一头全身皮毛油光发亮、眼睛闪闪发光的黑水牛，它看起来像一位尊贵的王子，昂首挺胸，好不威风。

一头白牛伏在地上,仔细地盯着一朵花看。"那头牛可喜欢花了,不管什么花它都喜欢。"牧童跟我说,那头牛用头蹭了蹭花。

我们继续往前走,后边还有很多很多奇特的牛。

脚印

高允方（五年级）

"哞哞"，牛一刻不停地向前走，它无法回头欣赏自己的脚印，只能低着头，像一个等待被教育的小学生。"哞哞"，长鞭甩下，牛声音沙哑地回应着农人。一鞭子走一步，一鞭子叹一声气，牛的身后留下一串串脚印。

毕加索画牛，牛一开始线条紧密，肌肉分明，渐渐地，牛犄角没了，牛蹄子消失了，牛皮像视网膜一样脱落。牛的世界在做着减法，而它踩出的脚印却没有尽头。在牛的脚印里，我看到了天蓝得可怕，看到了泥土翻动得强烈，看到了庄稼冲到了云彩里，而牛只是低着头。我想，牛就是为人而生、为人而活、为人而死的。

牛是有情感的，但是人懂牛吗？张爱玲笔下的蒋家人将牛租给其他人，可是对其他人而言，牛陌生得像极了尊贵的王子，只认自家主人。大牛伯家雇来的两个工人不是在讨论吃牛肉，就是在聊牛皮做的包，这不是对牛弹琴，牛听得懂，它的眼里滚动着泪水。在人们眼里，牛就是工具，不是什么伙计、帮手。

牛心中燃烧着怒火,看着斗牛士挥动红色披风,它低着头向斗牛士冲去,虽然知道不会成功,但也不得不这么做。它心里清楚,它要做的只是取悦人类。也许牛的角长得太高了,要低头才能对准敌人;也许是角过于沉重,把牛头压了下来。

牛不应该低头,它是神圣的,它的脚印也是神圣的。它应该为自己是老子坐骑的同类而感到骄傲,可它并不明白这一点。

踏踏实实,一步一个脚印,但终将归于一场悲剧。

书

高紫涵（七年级）

毕加索寥寥几笔，创造出只有几根线条的牛。没有华丽的装饰，几根线条之外就是大片的留白。牛不像人，匆匆地来，又匆匆地去，它不赶时间，在大自然这本史册中，它只留下一个有角的小点，除此之外，便是捉摸不定的空旷了。

一头小牛犊刚刚出生，又是立春。时间又悄悄向后翻了一页，去年的涂涂抹抹变成了一张崭新的白纸。人们穿上了新衣服，牛角又缠上了红布。春天如一个梦，里面有一座木屋，一个童话般的屋顶，一块青绿的田野。牛一步一个脚印，深深浅浅地走在泥土中，守着这块田地耕犁。它只顾向前，不会回头欣赏自己走过的路。其实，它留下了独一无二的插画。

牛与夕阳携手而归，一声鸟鸣惊落了夕阳，牧童的短笛声随兴而起，给今天画上了一个句号。

牧童常常横坐在牛背上，他懂得牛的心思，与它交流早已不用人类的语言。在这世界上，对牛而言，千万种语言都不及看它摇一摇尾巴或给它一口鲜嫩的青草。牧童是了解牛的，他指出戴嵩画中牛的问题，对着牛弹一曲《高山流水》，给吃草的牛让路……

牛也了解牧童，是他们最忠诚的伙计。它勤勤恳恳，犁出一条通往云彩的路。它像孩子一样天真，不懂租与借，只懂生人与熟人。牛角能阻止一个人，却拦不住时间的脚步。牛败给了汽车与火车，现在的牛车，或许只能在书中见到。

牛角挂书的时代已经成为历史，牛成了一个个典故与传说里的角儿。

解牛

刘青岚（五年级）

我拿起一把刀开始解牛，准备看一看牛究竟是什么样的。

典故解牛。我将"庖丁解牛""对牛弹琴"的牛一一剥开，最终什么也没剩下。典故里的牛终究只是表面的牛。

古诗解牛。我用干脆的一刀划开古诗中的牛。"牛羊散漫落日下""老牛粗了耕耘债，啮草坡头卧夕阳"等诗句从皮肤中浸出，夕阳成了牛的灵魂。风吹来，牛的身影便在草中忽隐忽现。将古诗里的牛解开后，剩下的只有闲逸与放松。

白话解牛。有人说"立春是一头刚出生的小牛犊"，还有人说"秋天像一头黄色的母牛"，而这里，牛则被时间分成了好几块。牛无意见，它望着天空，头上正有一只喜鹊飞过，白话的牛抒情可以如此自由。许多文人都是一头牛，他们在文字的田里耕耘，而收获的便是人与牛的故事。

艺术解牛。那牛无非是越画越少，以此来衬托牧童的趣味罢了。艺术解的牛，最终只剩下寥寥几条线。

若要评出一个解牛能手,那他必须了解牛的内心,这个人会是谁呢?

庖丁?

文人?

牧童?

画家?

新《五牛图》

孙启元（五年级）

唐代的韩滉画了《五牛图》，流传千古，《五牛图》中的每一头牛都有自己的特点。在世界的舞台上，也有着"五头牛"扮演着不同的角色。

第一头牛是好斗的西班牙斗牛。著名的拉斯班塔斯斗牛场里，当身着盛装的斗牛士挑衅地挥动着鲜艳的红布时，愤怒的斗牛用蹄子掀起尘土，低下头，亮出角，奋起冲向抖动的红布。骄傲的斗牛士侧身闪过，顺势将剑插入牛背。鲜血从伤口喷涌而出，牛却愈加英勇。在激烈的斗牛士舞曲中，一人一牛在赛场里扬起阵阵夹杂着血腥味的尘灰。

第二头牛是在田间劳作的大黄牛。它披星戴月，拖着沉重的牛轭，每一步都深深轧在泥土里，脚印的凹凸里浸染着汗水，低垂的谷穗是它辛劳的结晶。当夕阳洒下余晖，稚嫩的牧童骑着疲惫的老黄牛归家，嘹亮的歌声穿过林樾，散乱的身影融化在金色的霞光中。

第三头牛是神圣的牛，不能宰杀，可同样是牛，水牛却不被重视，人们让水牛耕田，甚至可能食用水牛的肉……同样是牛，受到的待遇却如此不同，我十分同情水牛。

毕加索不服气，提笔画了第四头牛。他将复杂的细节逐渐简化成简单的线条，寥寥四笔，一头牛便瞬间跃然纸上。

第五头牛是鲁迅。鲁迅是什么牛？他横眉冷对众多的敌人，像公牛一样斗志昂扬，满身铮铮傲骨；在百姓面前，他的谦逊和无私，像俯下身的母牛，吃的是草，挤出来的是奶。

一幅《五牛图》，说尽了牛的故事，"但得众生皆得饱，不辞羸病卧残阳"。

命运

唐子媛(五年级)

"牧童归去横牛背,短笛无腔信口吹",但就连最懂牛的牧童也不知牛的身体里藏着狐狸的魂魄,牛就是披着牛皮的狐狸。长久以来,牛一直都在等待,等待一个时机,时机成熟了,牛的命运将发生翻天覆地的变化。

上天看好每头牛,也给了每头牛机会。但随着时间的流逝,有些牛忘记了身体里住着狐狸,大部分牛无法把握住机会,等了一辈子,最终成了人类口中的老黄牛,成了一头平凡的牛,以悲剧结尾,正如大牛伯的那头牛。其实他的牛好,是因为大牛伯的灵魂影响了他的牛,他与牛交流,甚至将牛当孩子看,纵是骂,也如骂亲生儿女,在骂中还有不少疼爱。最终这头牛不再等待,时机也不会降临在它身上。

但也有成功的牛,它们在牛界已经算很伟大了。在一个立春之夜,黄黄的月亮斜挂在茅屋的烟囱上,把湿茅草照成一片冷清的白色,烟囱正"蓬蓬地冒烟"。第二天早上,来了一头黑牛,那牛长得十分英俊,好似一位极其高贵的王子,它一见到禄兴便知道时机来了。禄兴向着黑牛狠狠地抽了一鞭子,那黑牛转身一顶,禄兴便丧了命。那黑牛完成了使命,在晨风中渐渐远去。

牛是通人性的,牛也将一直等待下去,无论是明天还是明年,或是接下来无穷无尽的岁月,它们将一直等下去,因为它们相信时机总会到来。

牛

奚浚哲（五年级）

一把刀可以连接牛的一生，从小牛出生坠地，到老牛不可逃脱地被屠杀。每一把沾着牛血的刀，都可以诉说牛的故事。

小牛出生在腊月的一天里。人们用刀子割开母牛的肚子，取出了小牛。它出生后就没再见过母亲，因为在它出生后，母牛瘦了一圈，没法再犁地，所以被扔进了屠宰场，再也没有出来。

过了几个春秋，小牛长大了，可以跟着主人耕地了。它全身布满土黄的毛发，有着锋利的尖角和强壮的肌肉。在它的眼里，主人是巨大的金刚，因此它十分乖巧听话，任劳任怨，丝毫没有野牛的豪迈。它听不懂笛声，但它像是看得懂天空，每次犁完地后，它都喜欢静静地立着，望着鸟儿从空中飞过，像一个哲学家一样静静地思考。

虽然牛的脚下可以长出春天，但是它终究逃不过被送进屠宰场的命运。在那里，它与其他牛一起被锁在了一间屋子里。夜晚，它做了一个梦，梦里它的野性爆发了，它用那尖利的角撬开了锁，带领牛群冲出了大门,冲向了拿着刀的人们……但醒来后,它的眼神依然时而哀怨,时而恳求,它没有梦里那么勇敢。

我多么希望它能做一头勇敢的牛,逃过屠夫的屠刀。

老牛

修英杰（五年级）

每头牛都渴望自由，它们害怕人，却不知道人也害怕它们。世界上只有一头老牛知道这些道理，它是一头老子骑过的牛，也是一头懂人的牛。人们对年轻的、强壮的牛的评价是："好牛，膘啊，四肢、身段处处都好！"对老牛的评价是："这头黑牛准是不祥的征兆！"老牛不在意这些。

老牛是聪慧的、自由的，也是悠闲的。它时不时会抬头看看天，有些时候还能看到一只喜鹊。

它见过《五牛图》《斗牛图》。只有它和几个小牧童知道双牛相斗时牛的尾巴应该夹在屁股里，而不是高高翘起。它想像马一样在大草原上奔驰，但它是牛，这只能是它的想象。它亲眼看见过庖丁解牛，从此对庖丁恐惧不已。它也看过许多诗人为牛写诗，像"风吹草低见牛羊"。它还曾有过一头小牛犊，不过很早就死了。

现在它的寿命也到了尽头，它是一头老牛，饱经世事沧桑的老牛。

少

郑朝喆（六年级）

初生牛犊不怕虎，是因为少了判断，多了无知和盲目。但是一句句"畜生"和毫不留情的鞭挞，打破了这个平衡。

即便少了一切，牛还有老实。老实是牛的本性。牛再累，再委屈，也不会抱怨一句，除非连老实也让鞭子夺取，否则牛一辈子也不会将牛角朝着自己的主人。

毕加索画牛，能让牛很愉悦，几乎什么都不剩的牛在牛心中是很纯洁的。但当有一些农人来模仿毕加索的时候，牛将不再愉悦。被夺去本性后，牛的眼睛突然变浑浊了，看任何事物都比原来的大了一倍。这时，牛的天平再一次平衡了：左边是害怕，右边是愤怒。但是，平衡再次被打破，牛听到了什么?！自己年老时竟然要被宰杀！

空虚……

不能再少，什么都不剩了。但是少，能变出多。吃一桶青草，能挤出十桶牛奶。"捉摸不定的空旷"变出了"腹泻不断的繁华"。看到这繁华，牛怎么想？

牛无奈又迷茫地抬头望天，连一只喜鹊也没有看到。

牛之三命

袁子煊（八年级）

我，一头耕牛，生在中国一户乡下人的家中。我被套上鼻环，背上耕犁，下田随主人耕地。我没有一句抱怨，没有一点反抗，但主人却用皮鞭抽我的身体，火辣的痛钻入我的心中。"哞——"我疼得大叫，下意识向前冲去，但身后的铁犁禁锢着我，我无法脱身。我只好继续耕耘，就这样日复一日，年复一年……直到有一天，主人不知怎么回事，一回家就火冒三丈。他看见吃草的我，抽起了鞭子就打。"咻！咻！咻……"无辜的我被抽得皮开肉绽。最后，随着天边残阳的缓缓下沉，我也渐渐地流干了血，悄无声息地死去。

突然，万物静止，斗转星移。我睁开眼睛，发觉自己是一头身在西班牙的小牛犊，安安稳稳地生活了几个月后，我被送进了一个豪华的场地。突然，我看见一个人在我面前挑衅地抖动一块布，我冲了过去，他却一下子闪开——我被耍了。在人们的欢呼声中，我心中的怒火燃烧起来。我的鼻子喘着粗气，脚在地面愤怒地摩擦。他又开始抖起那块布，这次，我对准他的身体冲了过去，人们的欢呼声又响了起来——可恶，他又闪开了。我被他耍了一次又一次，突然，一件意想不到的事情发生了，一根长矛刺入了我的背！渐渐地，我背上的长矛越来越多，虚弱而又愤怒的我已失去了理智，我又向他冲去……刹那间，仿佛时间静止，我被一根冰冷的长矛刺穿了心脏。在震耳欲聋的欢呼声中，我死了。

等我再次醒来的时候，我发现我走在街上，准备好了再次面对死亡。但人们阻挡着车流，在……保护我？我想：要不我试着走走？反正最后难免一死，也无所谓了。于是，我朝着一个方向走去，他们并没有拦我，我也没停。

最终，我走进了一片荒无人烟的草原，我变成了野牛！我获得了久违的自由！

我望向东方，一轮红日冉冉升起……这一生，我将不会随着日落而倒在人类的脚下。

是它,踏出一个秋天

徐未央(四年级)

诗人聂鲁达问:"你有没有发现秋天像一头黄色的母牛?"我想了想,与其说秋天像母牛,倒不如说,秋天是牛用它勤劳的蹄子踏出来的。

大地刚一回春,耕牛就下地了。不论是黄牛还是水牯,都要套上沉重的犁,卖力地从田的这一头迈向那一头。土地经过一个冬天,仿佛被冻住了,耕牛低头、弓背,拖着铁犁一鼓作气地向前使着力气。土地在它身下变松变软,像被春天唤醒的溪流,活了过来。

一步洒下十滴八滴汗水,一天犁出二亩三亩的地;撞到石头也不吭声,热得直喘气也不停歇,甩甩尾巴继续干。耕牛的角上写满老实,额上刻满老实,声音里溢满老实,眼眸里盛满老实,就连足印也画出一朵朵老实的花……它从来只为主人埋头苦干,没有一句怨言。

夏天,大片大片的青草足够牛儿们美美地饱餐。阳光狠辣,牛儿们吃饱了便三头两头地踱着步子,到树下躲着凉快,到小溪里蹚水玩,或是半躺下来,闭上眼惬意地打个盹。等到夕阳歪斜,它们才起身跟着主人回去。

秋收季节,牛儿们又忙碌起来。收割后的土地需要再翻一遍,才能种下新的麦子,这是顶重要也顶辛苦的工作,决定着农民一年的收获。耕牛很清楚自己的使命,又拿出骨子里那股老实勤恳的劲,埋下头,一步一步,为主人踏出一个金黄色的秋天。

直到冬天,耕牛才能卸下今年的犁,和大地一起安静地休养,等待来年再踏出一个金秋。

犟牛

金恬欣（七年级）

耕地的牛在沟壑里，叼着草的牧童在田埂上。

牛身上套着绳索，脚下踩着几百亩乃至更多的土地。对它来说，自己生来就是为了耕田。横冲直撞的野牛是疯狂的，可守好自己的本分才是首要任务。它确乎是一头灰色的中国牛，内敛，骨子里却又带着倔强。

春夏秋冬，它在那不知名的乡村度过，蹉跎着自己的岁月。水稻割了又长，它也变成了一头彻彻底底的老牛。它将自己的整个灵魂都融入它所钟爱的土地里去。南方的水田，北方的旷野，耕牛的世界只有方寸之大，却撑起了一家家人艰难的生计。

它犹记得村口的老槐树和黄昏时悠长的叫卖声。黄昏时分，"夕阳牛背无人卧"，它总爱站在村口，一站就是许久，谁都拿它没办法。

"你这犟牛！"牧童朝着它大喊。

日子就这么一天天地过去，在这样一个小小的村落中，人们习惯了安逸的生活，习惯看到午后聊天的老农，还有偷懒的小牧童以及慵懒地望着老槐树的牛。

可是牛老了。它再也走不动了。直到有一天,它看到那个矗立在自己面前的庞然大物时,它都不敢相信,日子已经过了那么久了。好像这一刻它才刚出生,好像什么都没变,一切都会继续重复下去。

"这是拖拉机。"牧童对它轻声说。他长大了,早不是那个在它背上唱着歌的七八岁小娃娃。

以后,它再也不用耕地,只需要安逸地度过余生。以后,村子里所有的土地都可以用拖拉机来耕种。以后,人们会走出这个村子,去更远、更繁华的地方。这里将无人居住。

牛不想相信这一切。昨日还在昨日停留,今天却以全新的姿态来了。它确实老了,不敢再用它昏花的眼睛重新审视这世界,以致它还活在它所适应的旧时代里。阿Q的辫子、土谷祠、尼姑庵、南山寺、北山街,还有街坊邻居的喧嚣,这里属于它的一切都慢慢消失了。

它倔强地生活在已经过去的旧世界,不敢回头。

春夏秋冬……四季轮回。

这里的风景总是这样,有望不尽的田野与远方。

这里的一切都有始有终。年轻人正值盛年,年老的人正在退出"游戏"。他们都无言地守着自己的一切,倔强地活在这世界。

我与"牛"的对话

图书在版编目（CIP）数据

与世界对话. 与牛对话 / 傅阳编著. -- 昆明：晨光出版社，2025.3. -- ISBN 978-7-5715-2446-3

Ⅰ.C49

中国国家版本馆CIP数据核字第202423CY51号

声明

本书在编写过程中，选用了部分散文、诗歌等作品，因条件所限未能与作者/译者一一取得联系，在此致以深深的歉意。敬请本书录选作品的作者/译者及时与我们联系，我们会第一时间与您沟通并妥善处理。

电话：010-88356860

邮箱：neverend@utoping.cn

YU SHIJIE DUIHUA YU NIU DUIHUA

与世界对话 与牛对话　傅阳 编著

出 版 人	杨旭恒
选题策划	千寻 Neverend
责任编辑	杨亚玲
封面插画	而畅 www.changgao.co
出　　版	晨光出版社
地　　址	昆明市环城西路609号新闻出版大楼
邮　　编	650034
发行电话	（010）88356856　88356858
印　　刷	北京顶佳世纪印刷有限公司
经　　销	各地新华书店
版　　次	2025年3月第1版
印　　次	2025年3月第1次印刷
开　　本	130mm×185mm　32开
印　　张	6
字　　数	94千
ＩＳＢＮ	978-7-5715-2446-3
定　　价	148.00元（全4册）

图片版权支持　● www.fotoe.com

退换声明：若有印刷质量问题，请及时和销售部门（010-88356856）联系退换。